管理类论文写作与学术规范

王 福 刘俊华 刘艳秋 编著

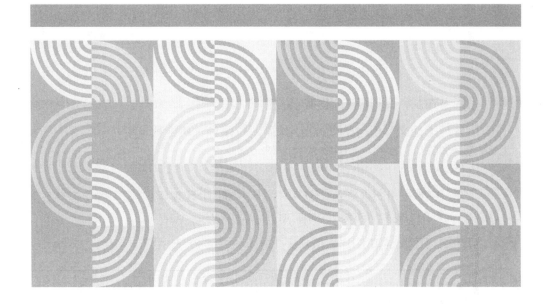

化学工业出版社

·北京·

内容简介

本书在关注学术论文写作一般规律的同时，以管理类专业论文撰写为主要内容，将论文撰写与科研工作结合起来，从一线管理类专业教师的视角出发进行编写。本书以科研工作为切入口，针对管理类专业本科生和研究生学术论文写作过程中遇到的问题，按作者多年科研实践和学术论文写作经验设计框架，涵盖了科学研究与科研课题、管理类科研选题、文献资料搜集、文献管理工具、管理类研究的常见方法、学术论文写作、学位论文写作、文献综述写作、管理类核心期刊及投稿、学术道德与学术不端等内容，遵循发现问题、分析问题、解决问题的逻辑，旨在提高本科生和研究生的科学研究能力和学术论文写作水平。本书绘制了大量图表，内容完整、视觉新颖、取材广泛。

本书可供管理类专业本科生、研究生以及从业人员使用，也可供相关专业领域人员学习参考。

图书在版编目（CIP）数据

管理类论文写作与学术规范/王福，刘俊华，刘艳秋编著. —北京：化学工业出版社，2023.6

ISBN 978-7-122-43137-0

Ⅰ.①管… Ⅱ.①王… ②刘… ③刘… Ⅲ.①管理学-论文-写作②管理学-学术研究-规范-研究 Ⅳ.①C93②H152.3

中国国家版本馆 CIP 数据核字（2023）第 049273 号

责任编辑：王　可　马　波　　　　　　　　　　装帧设计：张　辉
责任校对：宋　玮

出版发行：化学工业出版社（北京市东城区青年湖南街 13 号　邮政编码 100011）
印　　装：大厂聚鑫印刷有限责任公司
710mm×1000mm　1/16　印张 12¼　字数 218 千字　2023 年 11 月北京第 1 版第 1 次印刷

购书咨询：010-64518888　　　　　　　　　　　售后服务：010-64518899
网　　址：http://www.cip.com.cn

凡购买本书，如有缺损质量问题，本社销售中心负责调换。

定　　价：58.00 元　　　　　　　　　　　　　　　　　　版权所有　违者必究

前言

对管理类研究方法的驾驭能力和对学术论文写作方法的把握能力是衡量和评价本专业本科生、研究生科学研究能力和科学研究水平的重要指标,也是管理类科研人员对其研究成果进行总结、提炼、表达、交流、推广和应用应具备的素养。管理类专业学生和从业人员不仅需要过硬的专业知识和相应的管理智慧,还需具有发现、辨识和解决管理领域中各种问题的敏锐意识,更应拥有提炼科学问题、准确表达科学研究过程和使用恰当方法的规范化科研能力。作为管理类专业学生和从业人员,科学研究是其工作的重要内容,毕业论文需要借助科学研究予以完成、日常业务难题需要通过科学研究予以解决、学科评估需要科学研究成果予以支撑、各类奖项评定需要科学研究成果予以佐证,科学研究项目申报亦是如此。当前,管理类专业本科生、研究生和从业人员在科学研究和撰写学术论文过程中存在着各种困惑,表现为不知道怎么查阅文献、不知道如何提出命题、不知道怎么论证问题、不知道学术语言如何组织、不知道模仿与抄袭的区别,导致研究成果不能及时传递给业内同行。本书出版的初衷就是为相关人员规范研究过程和提升研究能力提供参考。

本书系作者在工商管理、物流与供应链管理和信息管理领域多年相关课程的教学实践和对学生科学研究指导的经验总结,旨在系统阐述科学研究需要掌握的方法论体系,通过授人以渔的方式提高管理类专业学生和从业人员的综合研究素质和能力。为此,全书从十个章节进行论述,第一章概述科学研究与科研课题,第二章分析管理类科研选题,第三章叙述文献资料搜集,第四章展现文献管理工具,第五章提出常见的管理研究方法,第六章、第七章和第八章提供了学术论文、学位论文和文献综述写作方法,第九章为管理类核心期刊评价及投稿,第十章关注了学术道德与学术不端。

本书的特点主要体现在以下几个方面：

（1）系统性。本书从科学研究和科研课题概念界定切入，系统总结了管理类研究和选题的方法体系，并以论文写作逻辑为线索，系统阐述了开展管理类研究所应具备的信息素养、工具方法、知识技能，对于提升管理类人员的研究能力给予系统性的指导。

（2）实践性。本书试图以亲身经历结合他山之石，从科学研究的范式阐述管理类研究的思维和方法，并针对学术论文和学位论文撰写的方法和技能进行深入浅出的讲解，对管理类专业学生和从业人员具有很强的实践指导性。

（3）全面性。本书贯穿了从科学研究概念界定到学术规范和学术道德遵守的论文写作全过程，全书包含了管理类论文写作各个关键环节涉及的核心问题。管理类专业学生和从业人员在论文写作的各个环节都可以从本书找到解决问题的答案。

本书第一章和第二章由刘艳秋编写，第三章至第六章由王福编写，第七章至第十章由刘俊华编写。在本书的编写过程中，陈小芳、何佳华、何玉轩、齐龙祥、邱紫腾、孙铠琪、桑一凡、王拓超、赵安然和郑婉婷参与了稿件的校对，在此表示感谢。全书由王福和刘俊华统稿。

本书得到内蒙古自治区高等学校人文社会科学重点研究基地基金项目"内蒙古现代物流与供应链管理研究中心（201906）"的资助，得到了内蒙古工业大学经济管理学院领导和同事的大力支持和帮助，还得到了校外专家的指导和指正，在这里一并表示感谢。本书借鉴了相关同行的宝贵经验，参考了许多学者的研究成果，并将其列在参考文献之中。由于笔者水平与能力所限，书中难免有纰漏与不妥之处，尚需与时俱进、日臻完善，敬请专家和读者批评指正。

王 福　刘俊华　刘艳秋
2022 年 7 月

目 录

1 科学研究与科研课题 ·················· 1
1.1 科学研究概述 ····················· 1
1.1.1 社会科学研究 ················ 2
1.1.2 管理类研究 ···················· 2
1.1.3 管理研究分类 ················ 3
1.1.4 科学研究流程 ················ 3
1.2 科学研究课题 ····················· 4
1.2.1 科学研究课题内涵 ········ 4
1.2.2 科学研究课题分类 ········ 5
1.2.3 科学研究选题要领 ········ 7
1.3 科研课题申报 ····················· 8
1.3.1 论证研究课题 ················ 8
1.3.2 组织科研团队 ················ 8
1.3.3 填写申请书 ···················· 9
1.3.4 合理预算经费 ················ 9
1.3.5 制作申报材料 ·············· 10
小结 ·· 10
练习 ·· 10

2 管理类科研选题 ························ 11
2.1 科研选题原则 ··················· 11
2.1.1 实用性原则 ·················· 11
2.1.2 创新性原则 ·················· 12
2.1.3 科学性原则 ·················· 12
2.1.4 兴趣性原则 ·················· 12
2.1.5 客观性原则 ·················· 13
2.1.6 可行性原则 ·················· 13
2.1.7 借鉴性原则 ·················· 13
2.2 科研选题途径 ··················· 14
2.2.1 查阅专业文献 ·············· 14
2.2.2 关注研究创新 ·············· 14
2.2.3 使用头脑风暴 ·············· 15
2.2.4 参加学术会议 ·············· 15
2.3 科研选题类别 ··················· 16
2.3.1 方法论选题 ·················· 16
2.3.2 学科方向选题 ·············· 16
2.3.3 面向问题选题 ·············· 17
2.3.4 改造优化选题 ·············· 17
2.3.5 作业式选题 ·················· 17
2.4 科研选题方法 ··················· 18

2.4.1　紧跟学科前沿……………18
　　2.4.2　动态跟踪课题……………18
　　2.4.3　善于总结反思……………19
　　2.4.4　敢于批判思考……………19
2.5　科研选题总结………………………20
　　2.5.1　明确目的满足需要………20
　　2.5.2　探查关隘寻求突破………20
　　2.5.3　由近及远远近兼顾………21
　　2.5.4　从小到大大小并重………21
　　2.5.5　题数适可锁定重点………22
　　2.5.6　既论条件又创条件………22
　　2.5.7　摸清对象预作估计………22
　　2.5.8　慎重对待以利坚持………23
小结……………………………………………23
练习……………………………………………23

3　文献资料搜集 …………………………24

3.1　文献搜集的意义……………………24
3.2　文献资料分类………………………25
　　3.2.1　文献类型……………………25
　　3.2.2　文献等级……………………27
3.3　文献检索……………………………28
　　3.3.1　检索语言……………………28
　　3.3.2　检索途径……………………28
　　3.3.3　检索方法……………………28
　　3.3.4　检索步骤……………………29
3.4　检索策略及效果评价………………30
　　3.4.1　检索策略及调整……………30
　　3.4.2　检索效果评价………………31
3.5　不同文献资源检索…………………32
　　3.5.1　纸本资源检索………………32
　　3.5.2　电子图书检索………………39
　　3.5.3　中文电子文献检索…………43
　　3.5.4　外文电子文献检索…………47
　　3.5.5　网络资源检索………………49
3.6　文献检索利用………………………51
　　3.6.1　信息素养的培育……………51
　　3.6.2　粗略定题方法………………52
　　3.6.3　深入了解主题………………52
　　3.6.4　选题定题思路………………52
　　3.6.5　构造检索提问式……………53
小结……………………………………………54
练习……………………………………………54

4　文献管理工具 …………………………55

4.1　文献管理工具简介…………………55
　　4.1.1　文献管理的意义……………55
　　4.1.2　文献管理的功能……………56
　　4.1.3　EndNote 主要功能…………56
4.2　EndNote 功能及使用
　　　方法………………………………57
　　4.2.1　EndNote 安装………………57
　　4.2.2　建立文献数据库……………58
　　4.2.3　Library 管理窗口……………59
　　4.2.4　书目信息浏览窗口…………59
　　4.2.5　书目编辑及预览窗口………59
　　4.2.6　全文预览窗口………………60
4.3　EndNote 搜集参考文献……………61
　　4.3.1　手工输入方式………………61

4.3.2 联机导入方式 …………… 62
4.3.3 在线搜索面板 …………… 62
4.3.4 PDF 单个文件或文件
      夹导入 ………………… 63
4.4 数据库检索导入 ……………… 64
　4.4.1 Elsevier SDOL 数据
　　　 导入 …………………… 64
　4.4.2 EBSCOhost 数据
　　　 导入 …………………… 65
　4.4.3 SpringerLink 数据
　　　 导入 …………………… 68
　4.4.4 Web of Science 数据
　　　 导入 …………………… 68
　4.4.5 Emerald 数据导入 …… 70
　4.4.6 CNKI 数据导入 ……… 72
　4.4.7 万方数据导入 ………… 73
4.4.8 读秀学术搜索数据
      导入 …………………… 75
4.5 参考文献的管理 …………… 76
4.6 参考文献格式化 …………… 76
　4.6.1 生成书目信息 ………… 76
　4.6.2 格式化书目信息 ……… 77
4.7 边写边引 …………………… 79
　4.7.1 插入引文功能 ………… 80
　4.7.2 输出风格更改功能 …… 81
　4.7.3 引文分类及实时
　　　 更新 …………………… 82
　4.7.4 引文导出与插件属性
　　　 设定 …………………… 82
小结 ……………………………… 83
练习 ……………………………… 83

5 管理类研究的常见方法 …………………………………………………………… 84

5.1 管理类研究方法内涵 ……… 84
5.2 管理类研究方法分类 ……… 85
5.3 研究资料收集方法 ………… 85
　5.3.1 问卷调查方法 ………… 85
　5.3.2 专家访谈方法 ………… 87
　5.3.3 观察与实验方法 ……… 88
5.4 定性研究方法 ……………… 89
　5.4.1 比较研究法 …………… 90
　5.4.2 案例研究法 …………… 91
　5.4.3 扎根理论 ……………… 94
5.5 定量分析方法 ……………… 97
　5.5.1 层次分析法 …………… 97
　5.5.2 灰色关联分析法 ……… 102
　5.5.3 决策试验方法 ………… 105
小结 ……………………………… 108
练习 ……………………………… 108

6 学术论文写作 ……………………………………………………………………… 109

6.1 学术论文的概念 …………… 109
6.2 学术论文的分类 …………… 109
　6.2.1 基础性研究学术
　　　 论文 …………………… 109
6.2.2 应用研究学术论文 …… 110
6.2.3 综合研究学术论文 …… 110
6.3 学术论文的特点 …………… 110
　6.3.1 科学性 ………………… 111

6.3.2 创见性 …………………… 111
6.3.3 学术性 …………………… 111
6.3.4 再现性 …………………… 112
6.3.5 规范性 …………………… 112
6.3.6 可读性 …………………… 112
6.4 学术论文提纲撰写 …………… 112
　6.4.1 提纲的作用 ……………… 112
　6.4.2 撰写论文提纲方法 ……… 113
　6.4.3 撰写论文提纲注意
　　　　事项 ……………………… 114
6.5 学术论文格式要求 …………… 115
　6.5.1 学术论文基本格式 ……… 115
　6.5.2 论文撰写格式 …………… 115
6.6 学术论文写作方法 …………… 115
　6.6.1 论文题名写法 …………… 115
　6.6.2 论文作者署名 …………… 116
　6.6.3 论文各级标题写法 ……… 116
　6.6.4 论文摘要写法 …………… 117
　6.6.5 论文引言写法 …………… 118
　6.6.6 论文正文写法 …………… 118
　6.6.7 论文段落的写法 ………… 119
　6.6.8 论文结论写法 …………… 120
　6.6.9 参考文献著录方法 ……… 120
小结 ………………………………… 122
练习 ………………………………… 122

7 学位论文写作 …………………… 123

7.1 学位论文概述 ………………… 123
　7.1.1 学位论文写作意义 ……… 124
　7.1.2 学位论文分类 …………… 125
　7.1.3 学位论文的特点 ………… 126
　7.1.4 学位论文与学术论文
　　　　的差异 …………………… 127
　7.1.5 学位论文写作要求 ……… 128
7.2 学位论文写作步骤 …………… 129
　7.2.1 选定课题和制定研究
　　　　策略 ……………………… 129
　7.2.2 查阅资料和拟定参考
　　　　书目 ……………………… 130
　7.2.3 开题报告审核 …………… 130
7.3 学位论文基本结构与
　　内容 …………………………… 131
　7.3.1 学位论文组成部分 ……… 131
　7.3.2 学位论文结构设计 ……… 132
7.4 学位论文写作步骤 …………… 133
　7.4.1 确立论点 ………………… 133
　7.4.2 确定论文结构 …………… 133
　7.4.3 草拟论文 ………………… 133
　7.4.4 修改论文 ………………… 134
小结 ………………………………… 135
练习 ………………………………… 135

8 文献综述写作 …………………… 136

8.1 文献综述写作内涵 …………… 136
　8.1.1 文献综述写作问题 ……… 136
　8.1.2 文献综述写作步骤 ……… 137
　8.1.3 文献综述写作结构 ……… 137

8.2 文献综述写作模板 …… 138
　8.2.1 按照研究逻辑综述 …… 138
　8.2.2 按照研究层次综述 …… 139
　8.2.3 按照对象功能综述 …… 140
　8.2.4 按照研究主题综述 …… 140
　8.2.5 按照研究热点综述 …… 141
　8.2.6 按照技术发展综述 …… 141
　8.2.7 按照主题特性综述 …… 142
　8.2.8 按照三段式综述 …… 142
　8.2.9 按照理论研究综述 …… 143
　8.2.10 按照问题求解综述 …… 143
8.2.11 按照常规方法综述 …… 144
8.2.12 按照研究对象综述 …… 144
8.3 文献综述写作方法 …… 145
　8.3.1 提高认知力求完美 …… 145
　8.3.2 论据充分论证合理 …… 145
8.4 文献综述修改方法 …… 146
　8.4.1 边写边改贯穿始终 …… 146
　8.4.2 综合运用炼石成金 …… 147
小结 …… 148
练习 …… 148

9 管理类核心期刊及投稿 …… 149

9.1 核心期刊及其评价指标 …… 149
　9.1.1 核心期刊简介 …… 149
　9.1.2 核心期刊评价指标 …… 150
9.2 管理类核心期刊 …… 151
　9.2.1 管理类中文核心期刊 …… 151
　9.2.2 CSSCI来源期刊 …… 152
　9.2.3 双核心期刊 …… 154
9.3 管理类期刊投稿信息 …… 155
9.4 管理类期刊投稿系统 …… 156
　9.4.1 玛格泰克投稿系统 …… 156
　9.4.2 中国知网投稿系统 …… 160
　9.4.3 勤云科技投稿系统 …… 164
9.5 管理类期刊投稿经验 …… 166
　9.5.1 投稿最佳时机选择 …… 166
9.5.2 科学投稿一般方法 …… 166
9.5.3 按要求修改文章 …… 167
9.6 稿件如何通过初审 …… 167
　9.6.1 态度决定一切 …… 168
　9.6.2 养成良好的写作习惯 …… 168
　9.6.3 检查稿件要素 …… 169
　9.6.4 投稿注意事项 …… 169
9.7 目标刊物选择方法 …… 169
　9.7.1 依机构标准选择 …… 170
　9.7.2 依据对口原则选择 …… 170
　9.7.3 针对读者群选择 …… 170
9.8 稿件退修处理方法 …… 170
小结 …… 171
练习 …… 171

10 学术道德与学术不端 …… 172

10.1 学术道德 …… 172
　10.1.1 学术道德内涵 …… 172

10.1.2　学术道德内容 ……… 172
　　10.1.3　学术道德表现 ……… 175
　10.2　学术不端 ……………… 177
　　10.2.1　学术不端分类 ……… 177
　　10.2.2　学术不端危害 ……… 179

　　10.2.3　学术不端阻止 ……… 180
　　10.2.4　学术不端处理 ……… 182
　小结 ………………………… 183
　练习 ………………………… 183

参考文献 ………………………………………………………… **184**

1 科学研究与科研课题

1.1 科学研究概述

科学研究是对现实问题的求解过程,是发现问题、分析问题、解决问题和升华问题的总括。科学研究也是观察事物,排除干扰因素,取得大量自然科学和社会科学现象及相关定量值,并通过分析和归纳等手段,把现象与事实上升到理论性或规律性层面的过程。科学研究要求有一定的创新,是发现和探索新事物、新规律和新现象的过程,是发明新工艺、新装置和新方法的过程。所谓新,既可以是破旧立新,还可以是移植创新,也就是将某一个行业或部门的技术或方法应用到一个新的行业或领域中,即创新技术方法。科学研究是对宇宙、自然和社会永无止境的探索,不能一蹴而就和一劳永逸,但由于受人们认知所影响又是分阶段的,每个阶段都有相对应的具体研究目标。科学研究可以是连续的,也可以是有中断或是跳跃的。

科学研究可以在多种场合下进行,既可以在工业生产装置或实验室中进行,也可以在现实世界或虚拟社区进行,还可以在计算机上模拟仿真,且自然科学和社会科学研究的边界越来越模糊。以管理类专业科学研究为例,在网络技术出现以前,多在物理场景分析研究,而在移动互联网技术出现以后,管理类专业结合了线下环境和线上环境进行研究。特别是近年来,随着大数据、云计算、物联网、移动设备、社交媒体、定位系统和传感器等场景要素在研究对象中的渐进嵌入,管理类专业科学研究又平添了一层虚拟现实的意义。本书讨论的科学研究兼具物理场景和虚拟场景,即管理类专业研究者对物理场景所从事的一般性科学研究以及在虚拟场景中利用大数据、移动互联网、人工智能和云计算等技术开发数据资源,拓宽管理类专业研究领域,创新工作方法,推出新产品、新技术的较高层面的科学研究。

1.1.1 社会科学研究

科学研究包含自然科学和社会科学两类研究。社会科学研究的对象是人类社会，不仅包括了人类生活的物质条件，还包括了社会制度、社会关系、社会组织和社会机构等。近年来，随着通信技术和网络技术的不断发展及其在社会科学研究中的应用，自然科学和社会科学的边界越来越模糊，呈现为你中有我、我中有你的辩证特点。社会科学研究越来越多地融入了自然科学的研究方法，并且呈现出验证性、依赖性和主观性等特点。

① 验证性。社会科学理论研究需要通过调查数据和经验数据验证，这些数据在很大程度上与所研究的理论具有内在逻辑的一致性。为了说明数据支撑理论的可信程度，还需要说明这三类数据的来源，以及获取这三类数据的具体方法和过程。

② 依赖性。社会研究是建立在对众多自然事物研究基础之上的，与众多自然事物有着密切的联系。因此，任何一门社会科学往往都会涉及自然科学领域，并且在一定程度上依赖自然科学进而全面发展。

③ 主观性。社会科学研究受众多主观因素影响和制约，是主观意识与客观事物相互作用的结果。社会科学无法像自然科学那样控制各种客观条件和影响因素，很难采用严格的实验方法和精确的观测手段，很难搜集到精确的定量资料，也很难进行精确的定量分析。

1.1.2 管理类研究

管理类研究来源于生产和生活的实践，解决有限资源和无限欲望之间的矛盾问题。不同阶段的生产力和生产关系的不匹配推动着管理理论的丰富和完善，刺激着管理类研究的发展。早期的管理类研究是以提高劳动生产率为目的，通过动作和工时之间的关系研究制定科学的工作量和合理的操作流程，将员工劳动和休息时间、工具和作业环境更好地协调，具体而言是研究如何根据组织目标的要求和社会的需要，有效配置组织中的人、财、物、知识和时间等各种要素，以取得最佳的整体经济效益和社会效益。随着生产力和生产关系的不断发展，人们的物质生活得以满足，管理类研究从对工作或产品的科学研究转向对人的行为和心理研究，并且通过相关实验和访谈得出社会因素和心理因素会影响劳动生产率的结论，具体而言是研究如何正确处理组织内成员之间的关系、如何激励组织成员为实现共同目标而努力、如何建立健全组织机构和管理体制等问题。随着物质生活得以极大满足，人们对管理的研究发展为以场景为研究对象。如，通过研究特定时间和特定空间用户的消费期望，借助于不同维度的情境配置，以最大可能形成愉悦消费者的体验，实现价值的增值。管理类研究属于社会科学研究的一种，其与自然科学研究的主要区别在于研究对象的不同，管理研究离不开对人的研究，所以其采用的研究方法也有别于自然科学。

1.1.3 管理研究分类

管理研究的领域问题较为复杂，可以从不同观察角度进行研究，也可以采用不同的方法进行研究。通过对现有文献梳理发现，管理研究目前可以按照如下不同的标准进行分类。

① 研究层次。管理研究按照研究层次的不同可以划分为宏观层次和微观层次的研究。宏观层次的研究聚焦于将企业作为组织放置在社会整体中进行研究，进而从经济、技术和文化等角度研究企业发展和管理者行为等问题。微观层次的研究则是聚焦于企业组织内部各个部分的功能和各个部分关系的研究，侧重于对组织内部个人和群体行为、人际关系与外界环境关系的研究。

② 研究功能。从功能角度出发，管理研究可以分为基础研究和应用研究。基础研究涉及问题较广，旨在发现理论，并着眼于长远利益。应用研究针对明确问题展开，强调实用性，注重现实效益。从企业需求来说，往往鼓励应用研究，希望知道做什么和怎么做。

③ 研究性质。从研究性质出发，管理研究分为描述性、解释性和规范性研究。描述性研究从观测事物出发，描述和识别现实中的现象和事件，主要回答是什么的问题。解释性研究是深入探索现象与事件之间的关联，主要回答为什么的问题。规范性研究对描述性研究和解释性研究结果做出诊断，回答应该怎么样的问题。

1.1.4 科学研究流程

科学研究是对自然或社会现象做出系统的、可控的、实证的和批判的调查。这一过程既始于现实世界的事实，亦终于现实世界的事实。具体来说，该过程起始于观察现实世界的事实，然后归纳出关于事实间关系的说明，根据归纳得出的结论再演绎推理出关于现实世界的预测，最后用事实来检验预测的正确性。归纳、演绎、验证构成科学方法过程的三大要素。同时，这一过程也符合认识论的哲学观。管理类专业的进步和发展，在很大程度上取决于该领域对知识的不断探索、不断积累、不断创新和运用。管理类专业的发展需要广大学生和专业人员不懈地努力，在日常学习和工作中用心观察和积极调研，发现业务流程的不足，进而在提高业务效率或改进业务流程上进行科学研究。通过科学研究找出目前阻碍发展的主要因素，对其改进和创新，达到解决问题的目的。问题解决完毕，把新方法、新手段、新理念及时进行总结，使隐性知识显性化，也就是把拟解决问题的过程以及得到的结论以文字的形式发表并与同行交流,对同行工作起到推动作用,而科研成果的主要表达方式之一是撰写和发表论文。作者在专家指导的基础上,借鉴学者研究成果,结合自身工作实践,设计管理类专业科学研究流程如图 1-1 所示,其中隐性知识的显性化主要是指撰写和发表学术论文。

通过图 1-1 可以看出,管理类研究着眼于管理领域的实践问题,通过对管理对象的观察和调研,以及结合文献调研发现该领域存在需要解决的问题。在此基础上,根据问题的性质采用匹配的管理类研究方法对其进行深入研究,进而解决管理实践问题。问题解决后,需要通过学术论文撰写实现隐性知识的显性化,形成新的理论体系,而新的理论体系返回来又可以指导管理领域的实践。

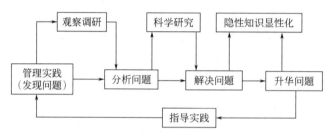

图 1-1　管理学专业科学研究流程图

1.2　科学研究课题

1.2.1　科学研究课题内涵

科学研究课题是指在一段时间内需要重点关注、澄清和解决的一个真实存在的科学问题,具体而言是依靠客观的接近方式探究存在于现象内部真理的过程。科学研究课题需要经费支持,需要经过项目申报与审批获得资助。在项目申报过程中,写好项目申请书是至关重要的一个环节。申请书模板应该出自审批单位,主要包含项目名称、项目类型、项目负责人、课题组成员、内容摘要、国内外研究现状、选题依据、研究内容、研究方法与手段、拟解决的主要问题、难点与创新点、预期成果、参考文献、学术简历、工作基础、工作计划和经费预算等。科学研究选题要注意以下几点:一是申请人应选择熟悉的课题,在该领域具有一定的研究基础,在课题研究中有一定权威性;二是选题新颖,创新点明确具体,为便于评阅人确认内容上的创新,需对项目进行文献查新;三是选题依据,应通过国内外文献综述等明示申请者对该课题有较深入的了解;四是课题应该已经开始进行了,并已取得初步成果;五是需要说明实现本课题设定的目标有一定难度,但申请者在理论与方法上已有准备，具有相应的科研平台或技术与设备支持等。总之，要使评审专家通过对项目申请书的评阅认识到所申请课题的重要性，并从项目申请书中能够知晓课题组已具备完成此课题的能力和基本条件。那些关注并合理解决上述问题的课题申请团队才有可能获得相关项目的经费支持，以顺利开展研究，进而实现预期目标。科学研究项目可以是同一批研究者在不同时间完成，也可能由不同国家的很多研究者单独开展或合作开展，最终达到或超越设定目标。

1.2.2 科学研究课题分类

科学研究课题按照不同标准有不同的分类，就其属性而言包括指定课题、自报课题、基础性课题、应用性课题和开发性课题。就其来源而言包括国家级课题、省部级课题、行业课题和企业课题等。

（1）指定课题与自报课题

指定课题是指主管部门下达到有关单位的研究任务，这些单位一般是其下属单位，又往往是先下达任务后再提交申请书或确定任务（即签订科学研究合同），属于专项课题。该上级单位一般了解课题组过去的研究经历和研究能力，正因如此才可直接提出课题要求。为了便于上级单位考虑此类任务的分配，课题组也需主动与上级单位、主管部门联系，以期共同推进课题的开展。

自报课题是指课题组按自己的科学研究方向和研究能力向国家、省（市、自治区）或部委申报的各类基金项目，其中包括资助力度较大的"863"和"973"项目，也包括国家重大项目、杰出青年基金等项目，还包括国家、省（市、自治区）基金项目。此类项目需要课题组按项目对工作创新的要求及团队的研究基础进行申报，在申报前如果能了解同类课题的历史审批情况，了解同领域研究人员近年的研究进展，明晰资助方向，会使项目申报成功的概率更大。

（2）基础性课题、应用性课题和开发性课题

基础性研究的本质是揭示客观世界的运动规律，是人类对于客观世界基本规律的认知过程，是技术创新和革命的先导和源泉。相应的基础研究是通过研究自然现象和自然物，力求观察或得到新的现象和规律。基础研究往往不是以直接应用为目的，但从长远来看，一般都有特定的应用效果。基础研究所需经费数目大小不一，数理类的研究成本较低，而天文、生物学科学研究要使用昂贵的设备，费用较高。相对而言，基础研究所需时间稍长，可能在较长时间难见成果，需要研究者持之以恒，更需国家或社会给予支持、理解和宽容。

应用研究是把基础研究成果应用到生产中去，相关部门不但是生产企业，也是科研部门，如设计院和研究院等，也包括环境保护、检验、消防、安全等社会部门。应用研究更多地反映在技术上，以新产品、新方法、新工艺、新设备、新价值为目标，提出采用新工艺或新方法生产产品，推动生产和社会的进步。

开发研究是利用基础研究和应用研究的知识与成果，将其引入到新的领域或情况有差异的同一生产部门，也可理解为技术或知识的转移，在转移过程中，有可能产生新的技术或发现新的知识。关于开发研究，世界各国解释有所不同。我国学者把开发研究划分为试验开发、设计试制、推广示范与技术服务三个部分，也有一些国家把开发研究加以延伸，包括开发研究、设计研究、生产研究、流通研究、销售研究、使用研究和回收研究等7个方面。一般而言，开发研究与应用研究之间很难有明显的分界线。

（3）国家级课题

国家根据国民经济发展的需要，选择经济社会中长期发展需要解决的带有全局性、方向性、基础性的科技问题，将引进技术和设备消化、吸收和国产化作为课题。目前，国家级课题主要包括国家重大科技专项、863计划项目、973计划项目、国家自然科学基金、国家社会科学基金项目、全国哲学社会科学规划项目、全国教育科学规划项目。国家课题将那些对行业或地方经济发展起关键作用的科学技术问题及国际科技合作项目等作为国家重点科技攻关项目。在每年的国家自然科学基金和国家社会科学基金项目指南中均设有管理类专业课题，研究人员如欲申报，须提前查阅相关资料，做好前期准备工作。

（4）省部级课题

由国家部委、各省市、自治区资助的研究课题统称为省部级课题，主要包括科技部各类计划项目、教育部教育科学项目、教育部高校人文社科项目和各部委项目以及省（市、自治区）级项目。现在省部级课题已经成为管理部门对学者的一种外部评价指标。各省市项目主要包括省自然科学基金、科技厅各类计划项目、省社科规划项目、省教育规划项目、省艺术规划项目、教育厅科技项目、教育厅高校人文社科项目和各厅局项目。各部委或省市、自治区领导部门根据本部门本地区经济、科技、生产发展规划提出需要解决的科技问题和新产品开发课题向科学研究机构或高等学校下达或招标。

（5）行业课题

行业课题是指研究机构设置课题、外单位委托课题、企业设置的横向课题、本单位需要开发的新产品课题和自选课题等。就管理类专业来说有煤炭行业、农畜产品行业、乳制品行业、物流业、零售业、电商业等。行业课题是由管理类机构本身或其所归属单位及个人根据管理类领域发展现状，由研究人员结合自己的兴趣和特长自主选择题目。试图解决本行业、单位存在的实际问题的自选课题，也属于行业课题范畴。这类课题更加具有针对性与便捷性，能够有效地解决一个单位或是一个区域的个性或共性问题。

（6）横向和纵向课题

纵向课题主要是由国家、省或各厅局集中时间受理和组织的专项科研项目，是由国家或省市科技主管部门负责拨款支持的各类课题和项目，主要有国家科技攻关项目、国家自然科学基金项目、国家社会科学基金项目和国家重点基础研究发展规划项目等，还包括各省、部委和市科研项目以及各类教育基金项目等。横向课题就是高校与企业进行联系与合作，主要用来解决生产和经济发展中的实际问题和技术难题，横向课题的经费主要来自企业和产业，是高校与地区、企事业单位进行合作，共同促进地方发展的项目。

1.2.3　科学研究选题要领

研究课题申报能否获批，选题立意和选题新颖程度较为重要，一般表现在以下四个方面。

① 全新课题。全新课题是指目前无人涉足的研究领域或选题。

② 前沿课题。前沿课题是对学科前沿的理论探讨。

③ 老问题新视角课题。老问题新视角课题是老问题的新视角研究、新模式发掘或新技术、新方法的运用。

④ 国外理论引入。国外理论引入研究是指对国外新理论、新观点的引进与推广研究。

在上述四类研究中，第一类研究较具创新性，属于开辟新的研究领域或研究方向，甚至是创立新学科的研究项目，申报此类课题立项的可能性最大。无论哪类项目申报均需要查新，确定所报课题是否具有新颖性，从而避免重复研究。

在实际选题中，除了考虑选题新颖还要考虑以下三个方面的问题。

① 研究基础。前期成果是对申报人员自身研究能力、前期研究准备情况、能否高质量完成研究任务做出正确评价的基本考量指标。

② 选题应有特点。在课题设计上要切实结合本单位或本部门的研究优势和自身的研究专长，课题设计不宜过大，尽量做到小中见大。

③ 围绕指南选题。课题指南是在广泛征集社会各方面意见、组织专家集中研讨论证的基础上确立的，是广大研究工作者集体智慧的结晶，所拟定的选题也是当前或今后一段时期需要研究的基础理论问题和现实中的重要问题，具有科研选题导向。所以，申报的课题要尽量符合课题指南的要求，但是并非要求所有申报课题都必须严格选择课题指南中的题目作为项目名称，而是在课题的选题设计时要尽量依据课题指南所确定的研究方向或范围拟定课题。

1.3 科研课题申报

1.3.1 论证研究课题

论证的好坏是决定项目能否被批准的前提，也是评审专家评定项目是否具有立项价值的重要依据。申请的题目应该简洁明了，切忌阅读多次都难以理解的题目出现。在论证过程中，要学习前辈的语言运用技巧，要注意语句顺畅和平实，尽量避免使用晦涩难懂的自创术语。申请书在规定的篇幅内尽可能论证得详细一些。有的申请书明显篇幅不够，论证得太过简单，似乎没有下足功夫，让人难以产生共鸣。申请书需要按照规定的层次把国内外研究现状、研究目标、研究意义、研究方法、研究路径和研究思路论述清楚。每年，同样选题的申报者可能有几个甚至十几个，哪个能评上，哪些评不上，主要看论证。由此，如何论证成为大家关注的焦点。本书作者对现有成果进行梳理，结合自己项目申请的经验将其总结为以下几个方面。

① 选题的目的和意义。申请者为什么要研究这个课题，研究的意义和目的是什么。

② 所要解决的问题。所申请的课题拟主要解决什么问题，这个问题在整个学科发展和管理实践中处于什么样的位置。

③ 重点和难点。所申请的课题要解决主要问题的难点是什么，打算如何解决，如何加以突破，如何提炼创新点。

④ 研究方法。为了有效地解决此类问题，主要采用哪些研究方法，这些方法与所研究问题的匹配程度如何。

上述四点在论证时需要考虑周全，要让评审专家通过课题论证清晰地了解所申报课题要解决的问题是什么，解决问题的难点是什么，以便确信申请人完全有能力解决。由于部分课题论证有明确的字数限制，所以课题论证必须反复推敲，力求做到准确精练，逻辑层次清晰。

1.3.2 组织科研团队

课题组成员的构成是衡量科研团队综合研究实力的依据，也是考察其能否顺利完成研究任务和能否产出高质量研究成果的重要指标。随着科学技术的进一步发展，科学研究具体化和综合化的趋势越来越明显，自然科学和社会科学之间的交叉和渗透作用越来越强。在这种情形下，单个研究人员所拥有的知识已远远不能满足完成复杂科研工作的需要，这就需要组成科研团队研究。如何组织科研团队成为非常现实的问题，因为课题组成员需要在科研活动中相互配合、相互协调、各取所长和互补所短，所以在成员选择上应该尽可能从差异性和交叉性来考虑。组织科研团队的目的是要形成单一研究人员独立从事科学研究达不到的整体优势，实现质量上的协调整合效应，共同保障课题研究任务的顺利开展与高质量完成。对于基础理论方面的研究课题，课题组成员中除应有这方面造诣较高的教授外，还应有从事相关领域研究的中青年学者，尽可能做到课题组成员具有合理的梯队结构，也有利于研究工作者"传、帮、带"职能的发挥和人才培养目标的实现。

1.3.3 填写申请书

申请人在申请项目时，对于项目级别的选择应该遵循循序渐进的原则。也就是说对于首次申报项目、相关前期研究成果较少的科研人员尽量先申报一般项目，而不是直接申报重点项目。另外，在学科分类填写时，单一学科较好填写，倘若涉及两个以上交叉学科的研究项目，建议选择自己有优势的学科填写。在实际选题中，应该选择那些自己有绝对优势的课题，且这个课题在某个学科领域得到广泛关注，从而提高项目的立项概率。在填写研究基础时，应将与申报项目有直接关系或相关关系的已有成果列上。有直接关系的成果表明申请团队已有这项研究的良好基础，如期完成的可能性较大。相关成果至少可以表明申报者的研究能力及知识面的广度，为评审专家形成评审意见提供参考。

申报的课题最终能否获批取决于评审专家对申报材料的评价，而评审专家予以评价的重要依据就是课题申请书。因此，填写课题申请书时应对每一部分设置意图进行分析，做到知己知彼，进而有针对性地填写。项目申报材料制作要避免事实性错误、数据性错误、文不对题、活页论证暴露申请单位或申请人信息、青年项目参加者超龄等低级错误的出现，也要避免错别字、排版格式、图形制作等反映作者态度的问题出现。在研究计划的安排上要根据研究目标、研究任务、研究中可能出现的困难等环节准确计算项目完成时间，有针对性地对课题组成员进行分工、合理规划课题研究阶段，切实保证课题研究工作的顺利开展与按计划高质量完成。

1.3.4 合理预算经费

申请人应根据项目需要结合实际情况，按照《国家自然科学基金资助项目资金管理办法》《国家社会科学基金项目资金管理办法》等编制合理的经费预算。对此，项目申请者应根据所申报项目的级别和类型，按要求填写经费预算。项目申请书之所以设置经费预算有以下三个方面的考虑。

① 审查项目的可行性。经费预算也是项目能否获批的决定因素。如果经费预算不合理，这在一定程度上表明申请者或者科研团队对所申报项目的难度掌握和了解不足，即使前面论证得较为完美，也有可能不被批准。

② 提高经费使用效益。经费预算有助于经费的合理使用，是经费支出的依据，

如果预算编制不当会出现后期部分经费没有报销来源，部分经费预算不足。预算一经批准后一般不能再作调整，在编制项目经费预算时必须坚持目标相关性、政策相符性和开支合理性的原则，要在严格遵守项目经费管理办法的基础上科学编制。

③ 防止经费的随意使用。为了防止随意安排而影响研究经费的正常支出和各项研究工作的顺利开展与完成，要认真学习项目经费管理办法和本单位的经费管理办法，切实了解经费预算的范围和开支标准，严格遵守在相关费用支出方面的比例限制，以尽可能科学和合理的方式利用科研经费。

1.3.5 制作申报材料

项目申报材料制作的好坏在一定程度上反映了申请人对项目申报工作的专业程度和重视程度。同时，申报材料从感官效用角度给管理工作人员和项目评审专家以最直观的认识。目前，项目申请人对于项目的选题、项目的论证较为重视，将其当作核心环节，也投入了大量的精力去做。然而，一些申请人对于申报材料的制作重视程度不够，大有"好酒不怕巷子深"的想法，这是非常不正确的。实际上，申报材料的填写格式、排版、装订等细小的环节都是申请人向工作人员和评审专家营销自己的方式，如果不加以重视很有可能错失立项的机会。鉴于此，申请书初稿完成后，最好从不同层面组织相关专家进行模拟评审，经过大家面对面的多次讨论，进而对其不断修改和不断完善，不仅使申请书的内容臻于完善，也使申报材料制作更为专业。因此，在项目申报时，要切实了解与掌握项目申报材料的填写、制作等各环节上的具体要求，尽量少出硬伤，以免造成一些不必要的负面影响，进而提升项目立项的成功率。

小　结

从科学研究概念出发，对科学研究分类进行介绍，进而过渡到管理类科学研究及其分类。通过对科学课题内涵的讲解，让读者把握科学研究课题的分类和科学研究课题的研究流程，并指出科学研究选题的要领，在此基础上指导读者进行科研课题的申请和申报材料的制作。

练　习

1. 请说明科学研究与学术论文写作两者之间的关系，作为一名学生如何处理好这两者之间的关系？

2. 请说明科学研究按照学科属性如何分类？按照主管单位如何分类？

3. 请模仿历年获批基金项目，结合你的研究领域确定某一科研选题和学术论文选题。

4. 请阐述国家社会科学基金项目申报流程和注意事项。

2 管理类科研选题

2.1 科研选题原则

管理类专业学生及专业人员选题难的主要原因在于缺乏学科基础知识、缺乏学术研究基本功、缺乏阅读量、缺乏学术视野、缺乏问题意识、缺乏实践感悟和独立的思考。万事开头难,良好的选题是成功的一半。选题关系到研究的具体问题及其重要性,从选题可以初步判断该研究的价值和创新性,选题的角度和选题的切入点往往代表该研究的独特性,选题的水平是科研能力的重要体现,选题通常影响期刊编辑、评审专家对学术论文的第一印象。科研选题就是从战略上选择科学研究的主攻方向、确定研究课题的过程和方法。科研选题关系到研究的内容与方向,选题是科研成败的关键环节,只有合适的选题才能实现既定的研究目标。为此,科研选题需要遵循以下原则。

2.1.1 实用性原则

所选课题在现在或将来应对社会或国家有用。科学研究应选择具有现实意义的课题,也就是说所选课题应是与社会生活密切相关,特别是要选择社会主义现代化建设事业中亟待解决的问题。这类问题反映着一定历史时期社会生活的重点和热点,是与广大人民群众利益息息相关的。这类课题运用所学的理论知识,采用与之相匹配的方法对其进行研究,提出自己的见解,具有现实意义。遵循实用性原则选题不仅能使研究人员所学的书本知识得到实际运用,而且能提高研究人员分析问题和解决问题的能力。管理类专业领域中就有此类亟待解决的课题,该类选题解决实际工作中遇到的困难,所以应以找出方案和付诸应用为目的。

2.1.2 创新性原则

选题研究的内容不只是对前人工作的印证，更应超越前人，若是能够做到"前无古人"则是对人类的巨大贡献。这一选题原则符合科研前沿性要求，因为对一个大家都很熟悉的内容，一般很难从中找到令人耳目一新的创新点。科学上的新发现、新发明、新创造大多都有重大的科学价值，将对科学技术发展起到推动作用。因此，选题要敢于突破，选择那些在本学科发展中处于前沿位置、有重大科学价值的课题，选择那些能通过潜心研究，取得创新性成果，为管理科学发展做出新贡献的课题。这些课题中有些是属于理性的主观设想，并没有客观的、绝对的答案，却能对学科以及事业的发展起到至关重要的影响和指导作用。

2.1.3 科学性原则

科学性原则是指选题要有科学事实根据和科学理论依据。事实对于科学家而言，就像空气对于人类一样重要。科学理论归根结底也是以科学事实为根据的。选题的科学性原则体现为科学研究必须符合实事求是的基本精神。科学性原则是衡量科研工作的首要标准，科研选题必须遵循科学原理，尊重客观规律，符合逻辑性，也即科研选题要有理有据，必须以一定的科学理论和科学事实为依据，其中包括前人的经验总结和本人的工作实践，这是选题的理论基础。科研选题要符合客观规律，违背客观规律的选题就不是实事求是，就没有科学性。科研选题要符合科学的逻辑自洽性，即选题不应当存在明显的或不可克服的逻辑矛盾。

2.1.4 兴趣性原则

选题的难度、广度与工作量是课题组成员能力的体现，应与其主观能力相吻合，在合理的范围内驾驭课题，才能实现既定目标。一般来说，申报课题与申请人研究兴趣密切相关，因为兴趣是科研的"永动机"，能够为研究者提供长久的战斗力，能够指引研究者寻找创新点。当课题组成员的个性、兴趣和选题十分吻合时，写出的论文才更有说服力和感染力。管理类专业人员要根据自己所接触的工作，自己的学科背景、专长甚至生活阅历，选择适合自己的研究方向。作为研究者应了解自己的优势所在，选择感兴趣和有心得的课题来研究。在选定研究主题时，要选择研究者感兴趣的主题。对于一个有分量的研究课题，其持续时间是较长的，并且需要专心投入。如果对某个领域提不起兴趣而只是为了获得荣誉或者完成任务，那么这个过程将会很折磨人且难有好的结果。

2.1.5 客观性原则

科学研究离不开客观条件，为此课题申请人应在选题时充分了解客观条件。客观条件中首先应是实验条件，如实验设备、分析仪器、表征仪器等。客观条件也包括原料供应条件，更应注意时代条件，如社会的认知水平、物理与数学的知识水平、计算机与软件的运用水平。一个时代化的大课题，常常需要使用多种大型软件。一般来说，课题组成员很难将所需软件从头研发，大部分是对前人研究成果加以利用。目前管理类专业的研究离不开计算机与网络技术，而在计算机与网络技术出现以前，人们的研究多以人工处理为主，这就是管理类专业科研的时代条件与客观研究条件。

2.1.6 可行性原则

选题须有明确的目标，相应的研究计划都要按目标进行。研究者应时刻注意科研动向，长期关注和从事课题研究，而课题研究是有时限的，是分阶段的，往往是逐步完成阶段性研究，公布阶段性成果，经过反复验证达到较为完善的目的。选题必须根据实际具备的和经过努力可以具备的主客观条件来确定，才有预期完成课题的可能性。为此，选题要有创新，要有高度，又要根据主客观条件，设立"适可而止"的难度与目标，以期阶段性地推动该研究。所谓可行性，是指研究内容符合我国的基本国情，在管理学界具有广泛的适用性。研究的可行性也包括道德伦理的可行性，如果不符合社会道德伦理就不能进行研究操作，甚至可能会招来外界的攻击。所以，不能把那种只具有抽象可能性而不具备现实可能性的课题选择为科学研究课题。

2.1.7 借鉴性原则

选题要借鉴前人研究成果。为此，需要查阅大量文献资源综述研究现状，分析拟研究课题在当前的研究中有哪些问题已经解决，有哪些问题尚需解决，对尚需解决的问题，哪些是当前的研究热点，哪些是急需解决的问题，并针对其中一类或是一个问题设定题目，确定研究方向，编制研究计划。正如牛顿所说："如果我看得比别人更远些，那是因为我站在巨人的肩膀上"。科研选题也必须借鉴前人研究成果与工作经验，以期在此基础上取得更有价值的成果。借鉴性原则是指研究的观点、思路或方法往往是借鉴已有概念、理论、原理或方法，或者受其启发而形成的，因而需要引用最新的相关参考文献。这样既可以体现研究的新颖性和超越性，也能体现其学术道德和对他人研究成果的尊重，以及表明科学研究的相关性和延续性。

2.2 科研选题途径

2.2.1 查阅专业文献

图书馆拥有丰富的专业纸本期刊资源和电子期刊资源，管理学门类下各专业可以充分利用这些资源搜索选择科研课题。如在资源中搜索他人已发表的论文，这些文章正是搜索人员目前急需的，甚至是申请人目前还没开展或正在进行的工作，那么这些文章就具有极其重要的参考价值。申请人不仅关注这些论文的结论，也要关注这些研究解决了哪些问题、解决问题的过程中运用了哪些方法。申请人从他人的研究中会得到一些启示，不仅会运用这些研究结果指导未来研究，也会在此基础上使研究更加深入。从此角度而言，论文交流可以诱发选题，是选题的一种参考形式。

通过数据库查阅相关文献，对某一个专题的论文，尤其是综述和述评类文章进行汇总分析，也可以获得一个新的选题。在某一专题领域中，由于受不同地域的组织文化、思维方式、政策水平、领导思维等多种因素的影响，研究侧重点不同。管理类专业学生和从业人员能在个性的基础上研究出共性的结果，才能够总结出该专题研究的一般趋势，进而可能为该专题研究的选题提供新的视角。通过此方法获得的选题有可能为相关研究提供必要的参量和验证数据。如，对国内不同区域的管理类专业学生研究素养进行分析、汇总，可以总结出目前国内管理类专业学生研究素养的现状、困境和对策。

管理类专业人员还可以利用文献管理工具，如 EndNote、NoteExpress、Reference Manager 和 CNKI E-Study 等，把往年各类申报且通过的课题和课题相关成果进行管理用以科研选题。这些文献管理工具都是专业级别的文献检索与管理系统，其核心功能涵盖知识采集、管理、应用、挖掘的所有环节，是学术研究、文献管理和科研选题的必备工具。这些管理工具除了可以管理显性的知识外，对于瞬间产生的隐性知识也可以通过管理工具的笔记、科研心得和论文草稿进行记录，并且可以与参考文献的题录关联起来，这类工具的搜索和查重功能对于管理类科研工作者的科研选题大有帮助。

2.2.2 关注研究创新

科学研究应当具有创造性，科研成果质量评审最重要的原则就是看成果有无创新。因此，科研选题从一开始就应当充分注意到这一点。国家对学位论文等科研成果有明确要求，其中硕士论文应当有新见解，表现作者具有从事科研工作或者独立担负专门业务工作的能力。博士论文是创造性成果，应当包括新见解、新观点、新思想、新设计、新概念、新理论、新手段、新产品、新质量、新效益等。研究创新应具有新颖性、探索性、先进性和风险性等特点，它进一步体现了课题的需要性、价值性。选题的创新关键在一个"新"字上。这种创新的课题在哪里？一般而言，在各种各样的矛盾点上，尤其是新旧之间的矛盾点。创新一般从三个方面入手：首先在局部性的课题上具有创新性，即解决一个多因素的大课题中的尚未解决的某一个因素，或者能做出深入透彻合理的分析见解。其次在别人研究成果的基础上加以延伸或拓展，有自己的补充、新的见解或改进。再次敢于批判、敢于质疑，能纠正别人的错误。

2.2.3 使用头脑风暴

科学研究是一种探索性的和创造性的思维过程，对同一观点、理论常会发生分歧和争论，甚至形成不同的学派。英国文学家萧伯纳说过："倘若你有一个苹果，我也有一个苹果，而我们彼此交换，那你和我仍只有一个苹果。但倘若你有一种思想，我也有一种思想，我们彼此交流，那我们将各有两种思想"。在争论中，会有正确与错误之分，争论的双方都会有许多问题值得探讨和研究。因此，关注学术之争，深入了解争论的历史、现状和争论焦点，是发现问题、选择研究课题的一个重要途径。现代管理类研究已经趋于综合化、社会化，是一个较大的科技项目，不是某个人或某几个人所能完成的，这就需要加强借鉴现有成果，促进思维碰撞。交流和借鉴对于提高研究水平、减少重复劳动和推动科学技术发展起着不可估量的作用。在管理类研究中，课题组讨论能听到正反两方面的声音，正反双方各有各的论据，通过思想碰撞和交流实现更为科学的研究。学术界以学术会议形式组织专家或研究人员进行讨论交流的过程就是管理类研究的"头脑风暴法"，这是当前学术研究的一种重要交流形式，通过交流，不断优化方案，提出最终的选题，有利于科学事业的繁荣与发展。

2.2.4 参加学术会议

学术会议是寻找科研选题的重要渠道，会议以论文交流形式对实际工作中遇到的问题进行深入的探讨。通过交流提出新的方向、新的思维和新的方法，获得新的经验，从而使其容易被理解和传播。每年的各级各类学术会议，为科研选题提供了新的思路和参考。每年召开的中国管理科学学术年会等各类会议都有专家介绍近期研究成果，这些研究成果往往会根据内外部环境的变化，提出管理类专业人员应该如何积极应对的相关措施和对策，对管理类专业和管理科学发展形势系统地阐述，与会人员能够了解管理领域发展概貌和研究方向，对科研工作有引领方向的作用。通过参加会议聆听专家报告，与专家和同行互动交流可以获得部分选题信息。参加会议者重在会上和会下的交流，一般来说，所得信息快于期刊论文。会议论文的特点之一是对论文的要求不是很严格，其课题也未必完成，讨论未必深入。作为普通的工作人员应从管理类专业发展角度、从岗位实践层面进行有针对性的研究，最终会取得一定的成果。特别是会议主旨报告都明示或暗示了当前中国管理科学发展方向，提供了庞大的管理领域信息，可对研究选题起到引领作用。

2.3 科研选题类别

2.3.1 方法论选题

一般情况，方法或方法论都是可以广泛适用的研究主题，也许要跨越多个学科进行应用，所以要从具体问题出发，但是最后却要落脚于研究哲学方面，而且好的方法或方法论要有实现工具。从方法论入手寻找研究主题主要有两种途径，一是创新研究方法，二是用新方法发掘新主题。前者的研究对象本身就是研究方法，后者是运用新方法研究其他现象。创新研究方法就是要不断思考现有研究在理论应用、数据搜集和处理方法等方面存在的缺陷，然后提出更科学的方法，也即偏重技术手段的创新，运用最新提出来的研究方法或者相对新颖的研究方法去研究管理现象。这里的相对新颖是指在这个研究领域尚未使用过，但是在其他领域经常使用的方法。

2.3.2 学科方向选题

如果现有学科对于某类问题没有很好的适用性，必须另辟蹊径，寻找另外的研究方法作为研究主题，这就需要开拓新的研究方向。学科方向要紧跟国际先进步伐，跟随领域内权威专家的研究方向走。他们的研究方向往往代表着当前这个领域内的热点问题，是亟待解决的问题。相关的研究结果会更容易受到关注，发表的可能性也更大。学科方向选题应基于权威专家发表在期刊上的论文，研究者应该重点关注。对各个期刊上相关领域的论文进行文献搜集和总结，再精选少数几篇经典论文进行精读，仔细分析，在此基础上探寻自己想进入的研究主题。另外，当出现一个新的管理现象，且运用现有理论无法解释时，研究人员便可以开启一个新的研究对话。再有，在现实生活中也可以发现一些难以用现有理论解释的现象，这些均有可能成为学科方向的选题。

2.3.3 面向问题选题

管理类有很多来源于生产实践和现实生活的问题，如环境是否对劳动生产率有强烈的影响、应急管理是否应该采取集中式的指挥模式等，这些均是面向实践问题展开的科学研究，是科研选题的一个重要思路。面向问题选题的方法和前述两种选题方法相比，此类选题重点在于解决实际问题，对于研究深度和研究层次的要求可以略微低一些。实践是通向知识的大门，许多学科的课题研究都是问题导向，从实践中的实际问题提出研究课题是选题的重要来源之一。面向问题的选题关注的是问题的解决能否为国家、企业和人民带来巨大的效益，能否对实际问题的解决提供可操作的标准或依据，能否解决现实生活中类似的问题等。在实践中，随着环境和用户期望的不断变化会产生许多需要解决的全新课题，如"如何通过数字化转型赋能新零售商业模式生态化创新"就是一个面向问题的选题。

2.3.4 改造优化选题

管理类专业基本问题的研究并不容易，很多科研其实是在采用其他人已经提出的方法，然后根据自己所处领域的实际情况对方法进行改造，以使其符合自己的需求，最后对解决相关领域的问题或者分析相关领域的问题给出一定的参考。既有的理论体系只是一种框架，它描述的是这个主题领域的知识结构，并不一定有着完整和充实的研究内容。因此，面对这样的理论体系，可以沿着从整体体系到具体问题的路径，探析更具体的、深层次的关系。例如，市场营销理论本身是一个比较完整的概念，我们要深入研究它本身是比较难的。但是，我们发现对于场景化营销和感官化营销这一新型问题似乎没有人提及，于是本书作者为两位MBA学生毕业论文分别选题为"塞乌素机场候机楼感官营销策略研究"和"S艺术培训中心场景营销研究"，以丰富市场营销理论。同时，对移动图书馆场景营销进行研究，最终在CSSCI来源期刊发表。

2.3.5 作业式选题

一般情况下，做作业前大家就知道肯定有标准答案或参考答案。而选择科研课题，很多情况下大家也知道能得到什么结论，只是自己需要一些时间把中间的空隙补起来。做作业式的科研属低层次研究，创新性不强，应用价值不高，选题时需要尽量避开。在硕士生"管理研究方法""文献阅读"以及"工商管理学科前沿"等课程讲授中，教师可以指导学生结合自己研究方向自行选题，并将此类选题和自己的毕业论文选题与学术论文选题相关联，采用大作业的方式提交课程论文锻炼其研究方法的运用和学术写作，以期达到课程标准要求。作业式选题需要指导教师在课堂上讲解选题的合理性、科学性、可行性和创新性等，只要达到课程目标即可，学生可以在作业的基础上进一步修改以形成学术论文和毕业论文的一部分。

2.4 科研选题方法

选题就是找亮点，就是寻找当前学科和事业发展的着力点、关注点、空白点和难点。选题的来源大致有两种。其一，从工作中找，那些曾经使自己困惑的，而现在已经部分或彻底解决，自己确有心得，想讲出来让同行借鉴、推广的问题，通常这就是一个好的选题。其二，从阅读中找，那些在以往的文献中别人没有研究过，自己首先发现，或虽有相关文献，但自己有把握比别人研究得更深入的问题，也是一个好选题。另外结合需求，选自己长期实践（包括学习、工作、研究、教学和管理）且已较为熟悉的领域，选自己长期跟踪且该方面知识储备较为充足的领域，选自己力所能及且自己感兴趣的领域，选线索较多、已有灵感且易于翻新的领域，这样的选题容易结合工作或生活实际，研究成果也易用于工作与生活实际，对工作与生活会有应用价值和推动作用。如何获得选题亮点，找到当前学科和事业发展的着力点、关注点、空白点和难点，往往需要做如下工作。

2.4.1 紧跟学科前沿

作为管理类专业人员，需要通过多种途径跟踪和了解本学科或自己研究领域的前沿动态，及时学习、消化、吸收，继而使这些研究成果为己所用，在前人研究成果的基础上不断探索和创新，这样才能做到选题新颖，自己也能真正获得有价值的东西。在选题中，既要考虑选题的前沿性，也要考虑是否是自己擅长的领域，扬长避短，敢于提出不同意见和想法，并能自圆其说，给出合理解释。选题是在掌握科学研究的前沿动态、了解热点问题等各种信息的基础上，结合工作实践，通过科学归纳、逻辑判断和理性思维，提炼出高度概括或高度抽象命题的过程。因此，管理类专业人员不能只凭经验和感觉，必须以科学的态度和方法，遵循知识创新的基本规律，选择研究课题和拟定论文题目。管理类专业人员应在日常工作中动态地了解和分析本专业研究的热点与前沿，掌握与自己选题相同或相近课题的研究状况、难点及研究方法等信息，做到心中有数。在此基础上，结合自己的实践，对信息进行综合分析，寻找新的切入点，确定自己的选题方向。这样做，可以增强选题的针对性，克服盲目性，提高课题申报的成功率。

2.4.2 动态跟踪课题

要学会运用简易信息聚合工具对自己研究领域的进展情况进行实时动态跟踪，

以便助力新科研课题的诞生，确保新研究课题的时效性。作为管理类专业人员要查阅近 3～5 年的国家社会科学基金或国家自然科学基金申报批准结果，分析这些课题立题依据与研究价值，同时要审视自己为什么当时没有想到这些课题，是自己的能力不够，还是自己掌握的专业知识不够，还是自己的理论敏感性不够，还是自己的问题意识不强，通过分析进一步弥补自己的不足之处。管理类专业人员应更多地了解本专业的课题研究信息，掌握研究动态，以供选题时参考。首先，要了解国家和省、市的社科研究规划信息。其次，要注意了解各级管理学会的课题研究信息。各级管理学会每年都要规划自己的学术活动，发布研究课题，征集论文。管理类专业人员可以网上搜索这些课题和题解，找到符合自己研究兴趣的课题去尝试。管理类专业人员还可以通过 Web of Science 和 CNKI 等提供的 RSS 工具采用动态跟踪的方式选题。

2.4.3 善于总结反思

立足岗位，培养兴趣是事业的基石，作为管理类学生和从业人员应结合学习和工作的实际，培养和发展自己对某一方面知识和技术的兴趣，激发进一步探索研究的欲望，这对科研选题有很大的帮助。要善于思考岗位中哪些工作该做而没有做，没有做的原因是什么？岗位上哪些工作做得还不够完美？怎样才能把这项工作做得更完美？从某种意义上说这个就是在发现或挖掘科研选题。在此基础上，针对科研选题，借助自己或科研团队的力量学习相关的知识，借鉴别人的经验，结合自身特点，提出措施，大胆实践，就能够取得成效，也为学术论文撰写创造了条件。科学研究和学术写作的另一个环节就是要善于总结，只有从研究中提炼和总结才能实现在管理类领域参与交流和推广的目的。管理类领域中很多人具备了扎实的专业基础知识、丰富的实际工作经验、非常强的动手操作能力，也承担过较大的科研项目，但成果、论文甚少，这对于个人来说是一种遗憾，对于单位和行业来说也是一种浪费和损失。所以在日常工作和生活中应养成一种习惯，那就是要在工作一段时间以后，静下心来，多问自己几个为什么，善于进行工作总结，反思存在的不足，与团队成员或其他同行相互交流，相互促进。这样可能在较短的时间内提高科研能力和写作水平。

2.4.4 敢于批判思考

要学会批判性思考，敢于质疑和超越。科研的目的是发现真理，或者是推动科学技术革新与科学理论丰富和完善，研究人员总是希望科研设想得到证实，希望科学试验成功，而这种心理状态往往通过心理暗示等机制使科研工作者不自觉地排斥别人的指正意见。敢于说"不"是一种敢于质疑和敢于否定的胆识和勇气，难以想象，一个缺乏创新胆识和没有勇气对错误与不足大胆说"不"的科研人员能够在科研创新中取得突破性的成果。因此，敢于说"不"的胆识和勇气对于科研创新有着难以估测的价值。敢于说"不"的性格包含着敏锐的观察力和积极思考的习惯，因为一个缺乏敏锐观察力和被动思考的人，很难从现实材料和实践生活之中找到存在的问题和不足，也不可能积极地思索解决问题的方案，更不会深入地探寻事物内在的本质规律，而更多的是盲从于习惯和经验而徘徊不前，难以实现科研创新。

2.5 科研选题总结

目前随着网络技术、通信技术的不断完善，各类场景要素在企业中渐进融入，企业越来越聚焦于消费者在特定时空的消费期望，满足用户对于产品功能的需求，迎合用户对于服务效用的习惯，调适用户对于场景体验的偏好。在企业所处的内外部环境发生变化的今天，管理类专业人员需要高效地学习、主动地学习，更要学会对企业所处环境、发展困境进行科学研究，做到"有所为有所不为"。这就需要管理类专业人员有效地运用现代科技手段，进一步做好科研工作，使企业更好地为公众、为国家经济建设服务。管理类专业人员要充分发扬创新精神，一边做好日常的工作，满腔热情地扎进本职工作中去；一边要理性思考，适当跳出自己的具体工作，研究思考一些重要的管理类学术问题。这两个方面有效地结合，能够促进从业人员在做好本职工作的前提下，使自己的科研水平不断得到提高，从而更好地推动具体工作。管理类专业科研选题应从以下几个方面出发。

2.5.1 明确目的满足需要

一个好选题的诞生，其基础是需要管理类专业研究者多读文献。阅读文献，应先读几篇综述，熟悉欲研究课题的过去和未来，再看具体文章，从而明晰技术路线。阅读文献应以摘要为主、全文为辅，精泛兼顾，深浅相宜。选题方面宜小不宜大，宜专不宜泛。选题要注重细节，避免不必要的修改和返工。在科研实施过程中，做到精益求精，一次做不出来的，要多次尝试，坚持就会有结果。不知道的要多咨询，闭门造车切不可取。科学研究的目的是认识自然，利用自然，改造自然，造福于人类。恰当的选题，其目的应十分明确，应充分考虑社会的需要，特别是用户的需要。只有这样，才能获得社会的支持，才有强大的推动力。

2.5.2 探查关隘寻求突破

良好的选题建立在平时搜集资料时充分分析当前国内外有关领域和课题的研究

现状基础之上。恒于追索困惑，找出妨碍生产加速发展的"绊脚石"和阻滞科学有较大进展的"卡子"及其可能的"突破口"，务求对准靶心，击中要害。主动搜索即由研究者从日常工作或生活所接触的事物和所看到的现象中主动发现和挑选课题。其优点是能探查关隘，从而寻求突破。这就有可能使那些本来需要研究但生产部门或计划管理部门尚未想到或尚未列入的课题会有人主动去做，不致失去时机；可以调动和发挥那些对科研工作有兴趣的管理类专业人员的积极性，促其动手开展科学研究和发明创造。这种方式特别有利于发挥各行各业和各岗位人员的作用，人人都可随时随地加入到科研中来，使科研工作易于实施。

2.5.3　由近及远远近兼顾

在各类课题中，有些是为今天的生产服务，有些是为明天的生产开路，有些是直接解决生产问题，有些则是间接地对生产起指导作用。无论哪一类课题，都是科学事业的一部分，只是对某一单位或某一个人来说，分工不同，或在一定时期内有所侧重而已。因此，对它们都应予以重视和兼顾，视具体情况选定课题。在一般情况下，要首先考虑生产要求的迫切性、关键性和先决性。凡亟待解决、起关键作用的问题，要优先安排。由近及远的另一层意思是指近的熟悉，远的生疏。因此，就管理类论文选题而言，应当就近避远，宜于由近及远，切不可舍近求远。近处的事物或现象，我们必定看得清楚，对之熟悉，写来顺手。相反，面对远方，肯定看得模糊，对之生疏，写来棘手。从这个意义上说，就近避远则容易，舍近求远则困难。

2.5.4　从小到大大小并重

课题无论大小，凡具生产意义和（或）学术意义的选题都是需要的。对国民经济建设和国防建设具有重大意义的课题，固然要首先安排，如期完成，而那些由生产部门提出的较小的课题也要考虑解决。实践证明，刚开始做科研应遵循选择小题、小题大做、小题细作、小题深作的原则。因为小课题容易把握，相对于大课题更容易做深做透；小课题研究周期相对短，且容易出成果；小课题也是将来大课题的准备和铺垫。最重要的是小课题、小的成果更容易激励和振奋刚开始做科研的人员，容易形成科研的良性循环。做科研重要的是应具有一种平常的心态，切忌急功近利。初涉者选择一个恰如其分的小题目去做文章，方向就会看得准确，问题可以说得深刻，结论才能下得透彻，题目过大会力不从心而半途而废，就算是勉强成事也不能取得满意的结果，对小题目的论述做到深刻透彻，短小精悍，就是好文章。

2.5.5 题数适可锁定重点

一个单位在一个时期的科研项目应有重点，对于一个科研工作者来说也是如此。要有所不为然后有所为。不要同时抓过多的课题，也不要平均使用力量，而应在某一时期内以某一项目为主，集中人力、物力、财力的优势，彻底完成，然后再抓其他重点课题。否则，由于精力分散，会导致一事无成。总之，科研战线不宜过长，项目不宜过多。选题要根据本单位或个人的具体情况，并留有一定的余地。同时，要选择自己获取信息、寻找图书资料方便的题目，考虑能够进行调查研究、查找文书档案、数据资料的条件，这样会更有助于写作的成功。再有，选题最好是略有难度，难易适中，选择具有时代感的题目。总之，要选自己熟悉、有兴趣，又经常关心、经常研究、有准备的题目。

2.5.6 既论条件又创条件

在选题过程中，一方面要考虑本单位和协作单位现有软、硬件条件和科研经费等问题。另一方面，还应尽量发掘潜力，充分利用现有物质条件，尽可能自行创造条件开展科研工作。指定课题主要是由生产部门直接提出要求，或者是由计划管理部门下达任务，其优点主要包括以下几个方面。

① 所选课题中大多数是当前行业管理所急需的，是行业创新管理等亟待攻破的难关，或是跟踪管理发展前沿所提炼的课题。这些课题同人民生活和国民经济的提升具有密切关系，其经济效益和社会效益大都显而易见。

② 由于上述原因，此类研究容易得到国家和社会的支持、科研经费易有着落，科研成果可立即或较快地得到检验和推广。

③ 符合有计划、有步骤、有重点、有目的地发展科学的方针，有利于加速提高我国管理水平。

2.5.7 摸清对象预作估计

选题之前，应先到生产部门或现场实地调查，了解问题的性质、难度和要求等，并经过充分考虑和全体参加人员的反复讨论，对开展工作后可能出现的问题，预先作出估计和论证，最后再确定课题。这样做，一来有利于认识主客观条件，选题后可顺利开展工作；二来可发挥有关人员的积极性，齐心合力地创造条件，圆满完成任务。如，在内蒙古自治区物流枢纽布局和建设规划研究中，内蒙古自治区7个城市被列为国家物流枢纽布局承载城市，呼和浩特、乌兰察布为陆港型国家物流枢纽承载城市，鄂尔多斯和包头为生产服务型国家物流枢纽承载城市，呼和浩特和赤峰为商贸服务型国家物流枢纽承载城市，呼伦贝尔（满洲里）和锡林郭勒（二连浩特）为陆上边境口岸型国家物流枢纽承载城市，应该对这些城市进行调研和访谈。

2.5.8 慎重对待以利坚持

选题是科学研究头等重要的工作。能否做出成果，选题是关键。因此，选题必须经过慎重考虑，并要坚持到底。凡经确定的课题，除无法预料的特殊原因外，不能轻率停顿或半途而废，以免影响生产和造成人力、物力、财力的浪费。论文选题一定要慎重，不能太难、不能太易、不能太大、不能太小，也就是说学术论文或学位论文的选题难度一定要适中，否则在论文撰写过程中会饱受折磨，且由于自身能力和研究课题所要具备的能力并不匹配，使得研究结果很难按时发表或很难按时毕业，同时也对相关资源造成浪费。另外，有些本科生、硕士生仅凭手头的几篇论文或书籍，或者仅凭自己的兴趣和爱好就匆匆选题或开题，这就容易陷入重复他人研究成果的困境，最后弄得骑虎难下。再有，在论文选题时，要考虑研究在现有条件下是否可行，所需材料和数据是否可以获得，如本科生毕业论文常会写某个企业方面的营销、运营、管理等问题，但是由于学生并不熟悉相关企业且无法获得相关资料而难以展开研究，中途不得不换题。

小 结

科学研究是不断提出问题和解决问题的过程，科学研究首先遇到的问题是选择什么样的课题和如何选择课题。选题是研究工作的真正起点，它决定着研究的主攻方向、奋斗目标，决定着应采取的方法和途径。本章从科研选题的原则出发，对科研选题途径进行详细的阐述，进而指出科研选题的类别和科研选题的具体方法，最后对科研选题的要领进行总结，以便于学生进行操作。

练 习

1. 一般而言，科学研究选题原则包括哪些？在这些原则中，结合自身认识你认为哪个相对而言更为重要？
2. 常见的科研选题途径有哪些？对于你而言，你更喜欢哪种选题途径？为什么？
3. 你认为科学研究的选题方法有哪些？
4. 在科学研究的实际中，我们该如何进行科学研究选题？

3 文献资料搜集

3.1 文献搜集的意义

一个好的、有重要理论贡献的研究需要做到以下几个方面。

① 能够清晰地把握研究领域前沿。这需要研究者非常系统地了解领域内文献，总结前人研究的不足，才有可能从中找到有价值、有创新性的研究问题。

② 能够提出有价值的研究问题。这里需要基于前人文献清楚地告诉并说服潜在的读者，为什么做这个研究很重要或者很有必要，可能的理论贡献有哪些。

③ 能够借鉴或开发理论。通过借鉴已有理论或开发新理论，提出研究假设解决研究问题。在这个过程中，如何选择变量需要有合理的理论基础支持，陈述变量间存在的逻辑关系也要有恰当的理论基础。

④ 能够选择合适的研究方法和分析手段检验假设。要做到以上几个方面就需要大量阅读领域内核心文献，而文献搜集就成为重中之重的工作。

文献搜集是科学研究的重要环节。通过对文献资料的梳理和学习，可以了解课题的研究背景，把握课题的研究现状，并决定是否值得投入更大精力去深入研究。文献搜集是申请课题的基础。只有了解研究对象的沿革、现状及存在的问题，才能确定研究空间，提出课题的目标，做到有的放矢，也只有分析文献，才能确定研究工作的方向。文献资料是科研工作的基础，做好文献资料搜集，就可以明确该课题当前所处的"高度"，为下一步科研课题申报奠定基础。文献资料搜集是研究中调整课题研究重点的基础。研究中要动态关注国内外最新文献资料，结合科研中发现的问题，调整科研计划，在某些方面加强，在另一方面减弱，则可成为新课题的基础。

面对各类专业数据库、综合数据库专业生成信息的不断激增，以及微博、微信、短视频等社交媒体用户生成信息数量的剧增，管理类专业人员所需信息一方面体现为"信息迷航"，另一方面又表现为"信息缺失"，研究人员如不掌握文献搜集的方法与途径，就会陷入找不到、读不完的困境。文献搜集就是从文献集合中识别和获取目标文献的技术，借助其可有效地开发和利用各种资源，更广泛、全面、快捷地吸收和获取文献。科学研究注重文献搜集与利用，可以在某一领域取得重大突破。相反，忽视文献搜集与利用，盲目重复前人研究，会造成人力、物力和财力的巨大浪费。为此，本书对检索文献类型、文献检索方法、文献检索定制、文献检索策略调整、文献检索结果评价和文献利用等方面详细论述。

只有大量掌握文献资料，在前人研究基础上创造灵感，才能在前人不曾涉及的领域有所建树和突破。科学技术发现、发明与创造的实质是一整套创新过程。科学发现是科学家创新思维和实验手段相结合的成果，把科学定理、定律转化为技术的发明也是一种创新，把新的科学技术运用到生产过程形成现实的生产力当然离不开创新，而创新离不开对文献的搜集、整理、分析和利用。只有掌握文献搜集技术，才能高效获取、正确评价和善于利用文献。所以文献搜集是创新人才应该具备的基本技能。

3.2 文献资料分类

3.2.1 文献类型

文献按照不同标准可进行不同分类，按照出版形式的不同，管理类专业科学研究可参考文献类型主要包括科技图书、科技期刊、科技报告、政府出版物、会议文献、专利文献、标准文献、学位论文、产品资料和技术档案，也称其为十大情报源。这些资料中有中文资源和外文资源，有纸本资源、数字资源和网络资源。

① 科技图书。包括专著、教科书、各种科普读物及各专业参考工具书等。专著是有关某一产品、某一过程、某一类工艺或某一学科课题的专门著作。科技图书内容成熟、系统性强、已定型，信息经筛选，可靠性强，是系统学习某一学科知识的主要信息源。科技图书有全面深入的优点，但其出版周期长，体积大，更新速度慢，未必能反映最新信息。该类资源在科研中有参考，但比例不大。

② 科技期刊。指按同一专业领域定期或不定期出版的连续性出版物，数量大，品种多，内容丰富多样，能反映当前的科学技术水平。该类资源出版周期短，流通面广，连续性强，能反映某一学科的专业水平和研究动向。正是由于其具有上述特点，所以它是学术交流的重要工具，是科研人员获取专业信息的主要信息源。在科技期刊中，综述性论文对相关研究非常有用，甚至会成为进一步研究的基点。

③ 科技报告。科技报告报道研究开发成果或进展情况，有编号、出版发行不规则、独立成册。科技报告注重报道进行中的科学研究，其内容新颖、详尽、专深、可靠。科技报告发表及时，报道信息速度快，具有保密或控制发行的特点，较难获得。

④ 政府出版物。政府出版物为政府部门及其所属机构颁布和出版的文件资料。包括国会记录、司法资料、方针政策、规章制度、决议指示及调查统计资料等行政性文件和各部门的技术研究报告。政府出版物按照内容主要分为行政性文件（如法令、统计等）和科技文件，其对了解一个国家的科技和经济政策及其演变情况有一定的参考价值。

⑤ 会议文献。会议文献是指在国内外学术团体举行的专业会议上发表的论文或报告。会议文献与期刊相比具有传播管理信息更快的特点，一般能反映出本学科的最新科研成果和发展水平，是科研人员的主要信息源。会议文献是传播科技信息的重要渠道，许多新的发现或发明往往最先披露于会议或会议文献中。某些会议文献常常不在公开出版物上发表，并具有针对性强、内容新颖、学术水平高、出版形式多样的特点。会议文献与期刊、研究报告、科技图书等有一定的交叉重复。

⑥ 专利文献。专利文献是指专利申请人向政府部门递交的、说明自己创造的技术文件，同时也是实现发明所有权的法律性文件，包括专利说明书、专利公报、商标、设计公报以及检索专利的工具等。专利类型包括发明专利、实用新型专利和外观设计专利三种。在这三类专利中以发明专利最为重要，它是对新产品、新工艺、新方法的表述。查阅专利最好能看到专利说明书全文，如果只需了解大概情况，可以从文摘中查找。

⑦ 标准文献。标准文献是以文件形式出现的，经公认的权威机构批准的标准化工作成果。标准文献的制定、审批有一定程序，其适用范围非常明确专一。标准文献编排格式、叙述方法严谨，措辞准确。标准文献在技术上有较充分的可靠性和现实性，对有关各方有约束性，在一定范围内有法律效力，有一定的时效性。标准文献是公认权威机构批准的标准化工作成果，其按使用范围可分为国际标准、区域标准、国家标准、行业标准和企业标准。

⑧ 学位论文。学位论文指国内外高校本科生、硕士生和博士生撰写的，为获取学位的书面论文，它是重要的内部文献，保存在各大学图书馆中，内容专深，有一定的新颖性、独创性，是高等院校的研究生和本科生在获取博士、硕士、学士等学位时必须提交的学位论文，分为博士、硕士及学士论文。该类资源具有一定的学术性、内容较系统、完整和详细，有一定的参考价值。

⑨ 产品资料。产品资料是厂商或推销商为推销其产品而印发的商业宣传品，是制造厂家和产品销售者介绍其产品的宣传性出版物，具有形象直观的特点。产品资料包括产品样本、产品说明书等。因产品已投产，通过产品资料可了解厂家的工艺水平、管理水平和产品发展趋势等方面的信息。产品资料一般附有大量的图、表而较为直观，该类文献通常可免费获得。

⑩ 技术档案。技术档案是指某机构在生产建设和科学研究中形成的、有一定工程对象的技术文件的总称，包括各种任务书、协议书、合同、施工方案等入档保存的技术资料，具有保密性和内控使用的特点。

3.2.2 文献等级

可搜集文献按照加工深度不同可以分成零次文献、一次文献、二次文献和三次文献，上面提到的十大情报源均为一次文献。

二次文献包括目录、题录、索引和文摘等。①目录。目录是一批相关文献信息的著录集合，报道文献的出版或收藏信息。②题录。题录是将文献的外部特征按照一定的排检方法编排，通常以一个内容上相对独立的文献单元作为著录单元。③索引。索引是揭示文摘、题录、目录中内容的辅助性检索工具。④文摘。文摘是在题录的基础上，在每条著录款目后边加上文献内容的摘要。

三次文献包括综述、述评、学科总结、百科全书、年鉴和手册等。①综述。综述是对某一领域或课题的有关文献资源进行归纳、整理、分析、加工制作后形成的一种综合报告。其特点是作者主要对现有研究做客观的归纳和综合，一般不加以评论，资料搜集得比较全面，讨论的问题比较集中、具体。②述评。述评是对某一领域、研究课题或成果的水平、现状、发展动向及影响进行全面系统的分析评价。其特点是强调作者的观点。③学科总结。学科总结是以某一学科或专业领域为对象，从基本原理到发展应用，从现有成就和存在问题到今后的发展方向，做出全面系统的总结，供有关部门或研究人员参考。④百科全书。百科全书是以有关学科领域的全部重要文献为基础，对人类现有的全部知识和研究成果提炼、浓缩和概括，形成一个个知识单元，再按一定顺序组织排列好。其特点是追求知识的全面性，荟萃各家之说，内容客观、精炼，系统性强，事实准确，数据翔实，可引以为据，语言规范，阐述严谨，易检索，能回答各种各样的问题。⑤年鉴。年鉴是一种连续报道和总结有关领域每一年度基本情况的连续性工具书。年鉴有综述性年鉴、记事性年鉴和统计性年鉴之分。⑥手册。手册是一种提供相关领域基本知识和技术方法的速查性工具书，包括图册、数据表等。

3.3 文献检索

3.3.1 检索语言

检索语言是一种在文献存储和检索过程中共同使用的语言，它的用途是描述文献特征，表达情报提问，并使两者能相互沟通。检索语言可分为规范化语言（受控语言）和非规范化语言（自然语言）。规范化语言指对文献检索用语的概念加以人工控制和规范，把检索语言中各种同义词、多义词、近义词、同形异义词等进行规范化处理，使每个检索词只能表达一个概念。非规范化语言对检索用语中的各种同义词、多义词、近义词、同形异义词等不加处理，所以也叫自然语言，如关键词。检索语言按照内容特征分为分类语言和主题语言，按照形式特征分为出版社、出版地、出版时间、文献代码、责任者和文献题名等。国内分类法包括了中国科学院图书馆图书分类法（简称科图法）和中国图书馆分类法（简称中图法），国外分类法包括了杜威十进分类法（Dewey Decimal Classification，DDC）、国际十进分类法（Universal Decimal Classification，UDC）和美国国会图书馆分类法（Library of Congress Classification，LCC）。目前，国内常用的分类方法为中图法。

3.3.2 检索途径

检索途径主要有主题词途径和分类途径。主题词途径是将文献中论述事物对象的主题用规范化的术语标引出来，然后按照主题的字顺（形序、号码、音序）编排文献的方法。这种途径能把同一主题的文献加以集中，以适应用户对事物对象与问题进行"特性检索"的需要。主题词途径的特点是以自然言语或受控语言直接表达概念，能做到灵活和准确，能将与研究对象有关且分散在各个学科中的文献集中在一起，但将具有共同学科属性的文献分散了。分类途径是根据主题词所属的学科范围把文献信息进行归类，然后检索的时候对这些文献按照分类进行检索，其优点是能够在知道文献所属领域的情况下，尽快找到所需要的文献信息，并且可以排除标题包含检索关键词但是主题并非所要检索内容的文章，其缺点是有些文献是跨学科领域的，所以可能会检索到一些不是完全在要求范围内的文章，需要进一步排除。还有可能在分类的时候并没有把某些文章按照某一个类别归类，但是检索者正好需要的是这一领域的文章，因此可能会漏掉信息。

3.3.3 检索方法

检索方法是为实现检索方案中的检索目标所采用的具体操作方法和手段的总

称。检索方法很多,如何科学、合理地选择检索方式和检索方法是科研过程中较重要的事情。在检索过程中应根据检索系统的功能和检索者的实际需求,灵活运用各种检索方法,以达到满意的检索效果。现有常用的文献检索方法包括直接法、追溯法和综合法。

(1) 直接法。直接利用检索工具检索文献信息的方法,这是文献检索中最常用的一种方法。它又分为顺查法、倒查法和抽查法。所谓顺查法是按照时间的顺序,由远及近地检索文献的方法。这种方法能搜集到某一课题的系统文献,它适用于较大课题的文献检索。例如,已知某课题的起始年代,现在需要了解其发展的全过程,就可以用顺查法从最初的年代开始,逐渐向近期查找。倒查法是由近及远,从新到旧,逆着时间顺序检索文献的方法。此法是将重点放在近期文献上。使用这种方法可最快地获得最新资料。抽查法是根据项目的特点,选择该项目有关文献信息最可能出现或最多出现的时间段,利用检索工具进行重点检索的方法。

(2) 追溯法。追溯法是不利用一般的检索工具,而是利用已经掌握的文献末尾所列的参考文献,逐一地追溯查找"引文"的一种最简便地扩大文献来源的方法。它还可以从查到的"引文"中再追溯查找"引文",像滚雪球一样,依据文献间的引用关系,获得越来越多的内容相关文献。

(3) 综合法。综合法也称为循环法,是把上述两种方法加以综合运用。既要利用检索工具进行常规检索,又要利用文献后所附参考文献进行追溯检索,分期分段地交替使用这两种方法。

一般而言,当有大量检索工具可用时,宜采用检索工具法,当缺乏检索工具时,宜采用追溯法,当检索课题要求进行全面系统查询,则应以查全为主,所以应采用顺查法结合浏览法。当检索课题要了解现状、趋势等动态性信息时,采用倒查法结合浏览法。若已掌握课题的发展过程,为节省时间、提高检索效率时,宜采用抽查法。当课题涉及范围较小、主题概念专指度较高时,宜采用综合法。

3.3.4 检索步骤

文献检索的基本程序为:分析检索课题→选择检索系统及数据库→确定检索词→构建检索提问式→上机检索并调整检索策略→输出检索结果→检索效果的评价。

(1) 分析检索课题。掌握用户信息需求的目的,分析课题涉及的学科范围、主题要求,课题所需信息的内容及其特征,课题所需信息的类型,包括文献类型、出版类型、年代范围、语种、著者、机构等。分析检索课题还包括对查新、查准、查全的指标要求。

（2）选择检索系统及数据库。在全面分析检索课题的基础上，根据用户要求对信息类型、时间范围、课题经费支持等因素综合考虑后，选择检索系统和数据库。正确选择数据库，是保证检索成功的基础。选择数据库时必须从以下几个方面考虑：数据库收录的信息内容所涉及的学科范围，数据库收录的文献类型、数量、时间范围以及更新周期，数据库所提供的检索途径、检索功能和服务方式。

（3）确定检索词。检索词是表达文献信息需求的基本元素，也是计算机检索系统中进行匹配的基本单元，检索词选择正确与否，直接影响着检索结果。当所选的数据库具有规范化词表时，检索词一般优先选用该数据库词表中与检索课题相关的规范化主题词，从而可获得最佳的检索效果。

① 选用数据库规定的代码。许多数据库文档中使用各种代码来表示各种主题范畴，有很高的匹配性。

② 选用常用的专业术语。在数据库没有专用的词表或词表中没有可选的词时，可以从一些已有的相关专业文献中选择常用的专业术语作为检索词。

③ 选用同义词与相关词。还可以选择同义词、近义词、相关词、缩写词、词形变化等，这些选择应尽量全面，以提高查全率。

（4）构建检索提问式。检索提问式是计算机信息检索中用来表达用户检索提问的逻辑表达式，由检索词和各种布尔逻辑算符、位置算符、截词符以及系统规定的其他组配连接符号组成。检索提问式构建得是否合理，将直接影响查全率和查准率。构建检索提问式时，应正确运用逻辑组配运算符。

（5）检索和调整检索策略。构建检索提问式后就可以上机检索了。检索时，应及时分析检索结果是否与检索要求一致，根据检索结果对检索提问式作相应的修改和调整，直至得到比较满意的结果。

3.4 检索策略及效果评价

3.4.1 检索策略及调整

检索策略是在分析检索提问的基础上确定检索数据库、检索用词，明确检索词之间的逻辑关系和查找步骤的科学安排。而由检索用词与各运算符组配成的检索表达式仅是狭义上的检索策略。文献搜集中会出现检索结果太多或检索结果太少的现象，前者虽然文献搜集全面但并不准确，后者虽然文献资料搜集准确但并不全面，所以需要对检索策略不断调整，逐步符合课题需求，检索策略调整应包括以下几个方面。

(1) 检索结果信息量过多调整策略。 检索结果信息量太多的原因之一是主题词本身的多义性导致误检，原因之二是对所选的检索词截词截得太短。要通过缩检来提高检索结果的查准率，调整检索策略的方法如下：减少同义词与同族相关词；增加限制概念，采用逻辑"与"连接检索词；使用字段限定，将检索词限定在某个或某些字段范围；使用逻辑"非"算符，排除无关概念；调整位置算符，由松变严，位置字符由（N）向（W）转变。

(2) 检索结果信息量过少调整策略。 检索结果信息量太少主要是由于以下原因：选用了不规范的主题词或某些产品的俗称，商品名称作为检索词；同义词、相关词、近义词没有运用全；上位概念或下位概念没有完整运用。要通过扩检来提高检索结果的查全率，方法如下：选全同义词与相关词并用逻辑"或"将它们连接起来，增加网罗度；减少逻辑"与"的运算，丢掉一些次要的或者太专指的概念；去除某些字段限制；调整位置算符，由严变松，位置字符由（W）向（N）转变。

(3) 输出检索结果。 根据检索系统提供的检索结果输出格式，选择需要的记录以及相应的字段（全部字段或部分字段），将结果显示在终端、存储到磁盘或直接打印输出，网络数据库检索系统还提供电子邮件发送和社交媒体转发，完成整个检索过程。

3.4.2 检索效果评价

检索效果是指利用检索系统开展检索服务时所产生的有效结果。检索效果如何，直接反映检索系统的性能，影响系统在信息市场上的竞争能力和用户利益，所以须对检索效果进行评价。根据兰开斯特的阐述，判定一个检索系统的优劣，主要从质量、费用和时间3个方面来衡量。因此，对计算机信息检索的效果评价也应该从这3个方面进行。质量标准主要通过查全率与查准率进行评价。费用标准即检索费用是指用户为检索课题所投入的费用。时间标准是指花费时间，包括：检索准备时间、检索过程时间、获取文献时间等。查全率和查准率是判定检索效果的主要标准，而后两者相对来说次要一些。查全率＝（检索出相关文献量/文献内相关文献总量）×100%，它反映该系统文献库中实际拥有的相关文献量在多大程度上被检索出来。查准率＝（检出文献相关量/检出文献总量）×100%，它反映每次从该系统文献库中实际检出的全部文献中有多少是相关的。查准率是用来描述系统拒绝不相关文献的能力，有人也称查准率为"相关率"。根据国外有关专家所做的实验表明，查全率与查准率是呈近似反比关系。鉴于此，在文献检索方面既要保证查全率也要保证查准率，检索策略应该不断调整，使得二者达到较为满意和理想的水平。

3.5 不同文献资源检索

3.5.1 纸本资源检索

所谓纸本资源是指在各个学校图书馆可以查找到的各类印刷型资源，该类资源主要包括纸本图书、纸本期刊、纸本标准和纸本工具书等，纸本资源通过联机公共目录查询系统（Online Public Access Catalogue，OPAC）检索。传统 OPAC 方便读者从馆藏中央数据库高效、快捷地获取所需文献信息。基于此目的，大多数图书馆书目检索平台只提供单一检索功能，并按照题名、责任者、主题词、出版社等字段检索。在网络技术、通信技术不断发展的今天，图书馆开始利用 Web3.0 注重用户体验、支持社交网络，使 OPAC 更具有创新性、实用性和易用性，智慧化地为读者服务。从文献搜集角度而言，OPAC 的主要功能包括以下几个方面。

(1) 用户登录

目前全国各大高校图书馆大多使用"江苏南京汇文文献管理系统"5.5 版本，本书以此为例介绍各图书馆 OPAC。用户通过各高校图书馆提供的快速链接登录 OPAC，如图 3-1 所示。

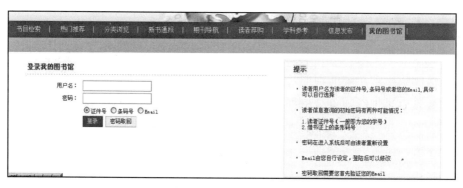

图 3-1　OPAC 登录页面

如图 3-1，选择证件号、条码号或者 Email 三种方式的一种登录，正确输入用户名和密码后，显示图书馆书目检索系统页面，主要功能包括书目检索、热门推荐、分类浏览、新书通报、期刊导航、读者荐购、学科参考、信息发布和我的图书馆等。

(2) 书目检索

书目检索选项包括了馆藏检索、简单检索和多字段检索，选择"馆藏检索"进入图 3-2 所示的页面。

图 3-2 馆藏检索页面

如图 3-2 所示，可选字段包括任意词、题名、责任者、主题词、ISBN、分类号、索书号、出版社和丛书名，输入检索词，点击带加号的放大镜进入图 3-3 所示的高级检索页面。

图 3-3 馆藏高级检索页面

如图 3-3 所示，在该页面可以选择多个字段，输入多个检索词，选择逻辑算符"AND"或者"OR"，其限定条件包括要检索的文献类型、文献语种、检索结果排序方式、所在校区和馆藏地等。

在图 3-2 中，选择"简单检索"选项进入图 3-4 所示的页面，在该页面中可供选择的字段包括题名、责任者、主题词、ISBN/ISSN、订购号、分类号、索书号、出版社、丛书名、题名拼音和责任者拼音，匹配方式为前方一致、任意匹配和完全匹配，文献类型包括所有书刊、中文图书、西文图书、中文期刊和西文期刊等。点击右侧更多限制还可以对显示方式、排序方式、检索范围进行限定，并可以显示 30 天内的热门检索词。

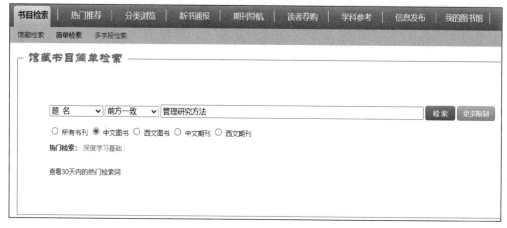

图 3-4　简单检索页面

在图 3-4 中，选择检索字段，对相关条件进行限定，输入检索词即可检索到相关文献。如：字段选择"题名"，限定条件选择"前方一致"，文献类型选择"中文图书"，输入检索词"管理研究方法"即可检索到如图 3-5 所示的文献。

图 3-5　书目检索结果页面

如图 3-5 所示，不仅可以检索出当前图书馆所有关于"管理研究方法"方面的纸本资源，还可通过移动鼠标到每个资源下的"馆藏"右边的下三角，看到详细的馆藏信息，甚至可以点击题名链接查看本资源的"提要文摘附注"来判定是否为目标资源。

在图 3-2 中，选择"多字段检索"进入高级检索页面。目前，多字段检索主要包括题名、责任者、丛书名、主题词、文献类型、出版社、ISBN/ISSN、索书号、起始年代，限定条件包括文献类型、每页显示条数、语种类别、选择校区、结果显示和结果排序，如图 3-6 所示。

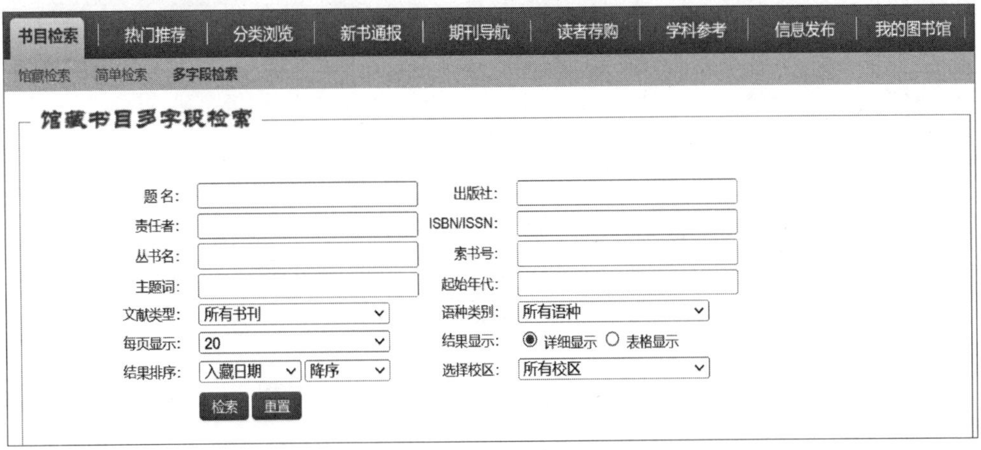

图 3-6 多字段检索页面

(3) 热门推荐

热门推荐主要包括热门借阅、热门评分、热门收藏、热门图书和借阅关系等功能，选择热门借阅进入图 3-7 所示的页面。

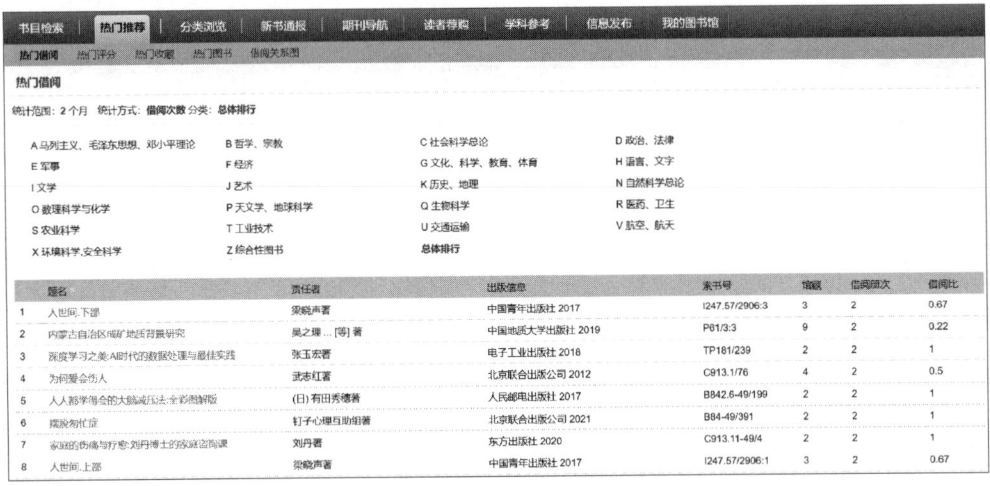

	题名	责任者	出版信息	索书号	馆藏	借阅册次	借阅比
1	人世间.下部	梁晓声著	中国青年出版社 2017	I247.57/2906:3	3	2	0.67
2	内蒙古自治区成矿地质背景研究	吴之理 ... [等] 著	中国地质大学出版社 2019	P61/3:3	9	2	0.22
3	深度学习之美:AI时代的数据处理与最佳实践	张玉宏著	电子工业出版社 2018	TP181/239	2	2	1
4	为何爱会伤人	武志红著	北京联合出版公司 2012	C913.1/76	4	2	0.5
5	人人都学得会的大脑减压法:全彩图解版	(日) 有田秀穗著	人民邮电出版社 2017	B842.6-49/199	2	2	1
6	摆脱匆忙症	钉子心理互助组著	北京联合出版公司 2021	B84-49/391	2	2	1
7	家庭的伤痛与疗愈:刘丹博士的家庭咨询课	刘丹著	东方出版社 2020	C913.11-49/4	2	2	1
8	人世间.上部	梁晓声著	中国青年出版社 2017	I247.57/2906:1	3	2	0.67

图 3-7 热门借阅页面

如图 3-7 所示，热门借阅是按照中图法统计 2 个月内的文献被借阅的次数，通过借阅册次和馆藏数量的比值计算借阅比，并按照借阅比降序排列。在图 3-7 页面选择热门评分进入图 3-8 所示的热门评分页面。

如图 3-7 所示，在热门推荐功能中还包括了热门收藏、热门图书和借阅关系，由于篇幅有限，在此不再赘述，请有需要的读者自行操作完成。

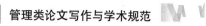

图 3-8　热门评分页面

（4）分类浏览

点击分类浏览选项卡，左侧按照中图法进行浏览。如选择 C 社会科学总论，点开"＋"号后选择 C93 管理学，则在右侧出现该图书馆收藏的所有关于管理学的文献资料，如图 3-9 所示。

图 3-9　分类浏览页面

如图 3-9 所示，在右侧所列书刊点击第一条"管理学基础"这一题名，出现该本图书的相关信息，包括题名/责任者、出版发行商、ISBN 及定价、载体形态项、个人责任者、学科主题、中图分类号、版本辅助、摘要文摘附注、馆藏信息、预约申请、委托申请、参考书架、图书评论、相关借阅、相关收藏和借阅趋势等信息，如图 3-10 所示。

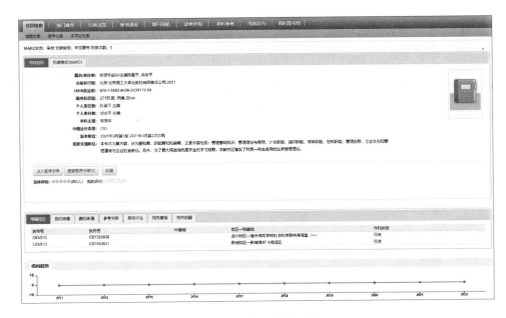

图 3-10 资源信息页面

(5) 读者荐购

任何一个图书馆不可能收集全所有的文献，读者所想要的文献可以通过"读者荐购"的方式购买。具体荐购流程为读者首先向图书馆提供所需要的图书信息，图书馆对荐购的书目信息进行审核，审核通过后向合作供货商订购，如果合作供货商没有此种图书则无货退订，如果有货则订购，荐购的图书到达图书馆后需要验收，验收通过后图书馆工作人员对其进行编目和典藏，之后上架流通，荐购的读者具有优先借阅权，读者荐购的历史页面如图 3-11 所示。

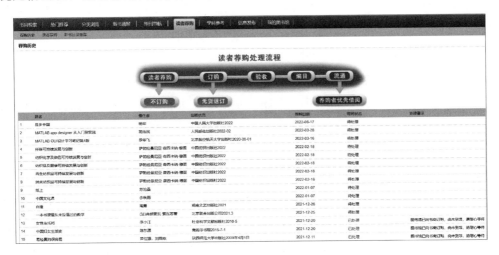

图 3-11 荐购历史页面

如图 3-11 所示，读者荐购除了荐购历史外还包括读者荐购和新书目录查询功能，读者荐购页面如图 3-12 所示。

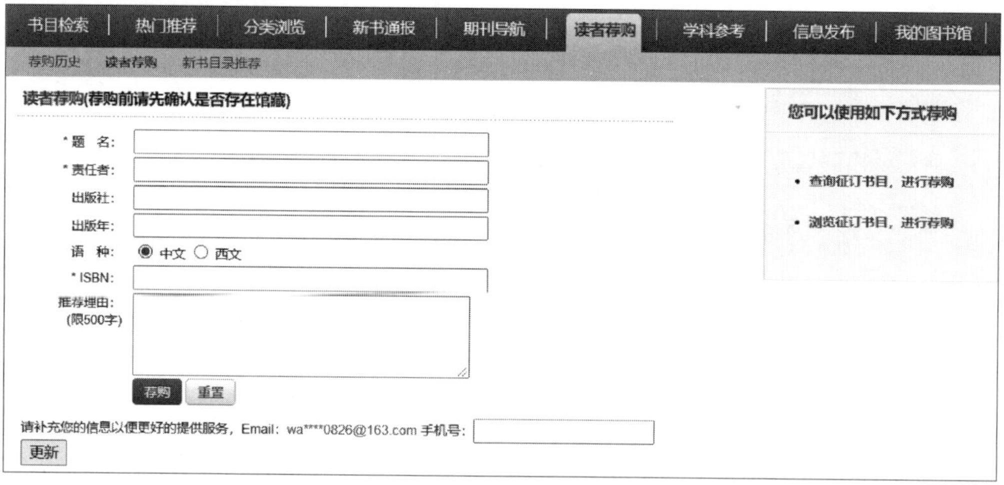

图 3-12　读者荐购页面

如图 3-12 所示，在读者荐购页面输入推荐文献的题名、责任者、出版社、出版年、语种、ISBN 和推荐理由，点击"荐购"按钮进行推荐。

(6) 我的图书馆

我的图书馆主要包括我的首页、证件信息、当前借阅、借阅历史、荐购历史、预约信息、委托信息、我的书架、书刊遗失、读者挂失、账目清单、违章缴款、我的书评、检索历史、我的课程和我的积分等功能。在我的首页除了显示证件信息、最多可借、最多可预约、最多可委托、总积分、可用积分，还包括超期图书、委托到书、预约到书和荐购图书等信息。除此之外，还包括借阅分类分布、借阅时间分布、借阅趋势以及借阅分析，如图 3-13 所示。

(7) OPAC 发展趋势

目前，OPAC 检索性和易用性较弱、拼写建议功能缺失、缺乏期刊评价揭示、统计评价功能缺失、数据挖掘功能缺失、缺乏网络社交关联、与用户实时互动差、缺乏文献传递模块。未来，OPAC 趋向于细粒度精细组织、语义动态组织、语义深度集成、用户心理认知组织，按照图 3-14 的方式设计。

新型 OPAC 必将成为具有一定语义的细粒度知识元，再以概念关系网络为基础，利用关联数据加以语义聚合，并利用人工智能技术感知用户意图，将用户信息需求意图与网络信息资源进行关联或聚合，最后将聚合后的信息依据用户意图，以有利于用户认知的方式加以组织后展示给用户的新型系统。

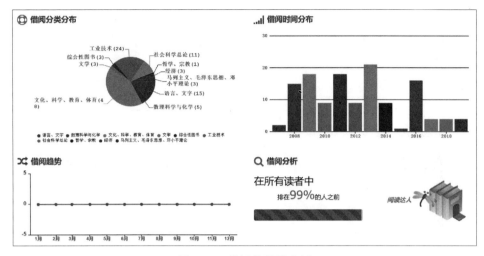

图 3-13 借阅数据及分析

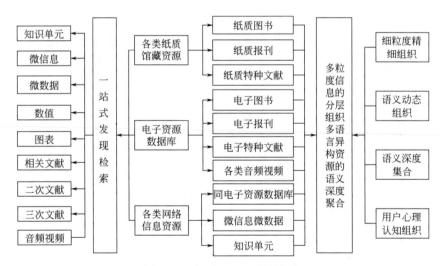

图 3-14 新型 OPAC 设计框架

3.5.2 电子图书检索

目前，中文电子图书数据库主要包括超星汇雅、Apabi 图书、可知电子书和科学文库等，外文电子图书主要有 Elsevier Ebook、ACS Ebook 和 Springer Ebook，不同的图书馆其所提供的中外文电子图书数据库不同。由于篇幅有限，本书以本科生和硕士生常用的超星汇雅为例对电子图书进行介绍。超星汇雅提供了三种检索功能，一种是快速检索，一种是高级检索，一种是分类浏览。

(1) 快速检索

超星汇雅提供了快速检索功能,快速检索提供了 3 个字段,分别是书名、作者和主题词,这 3 个主题词前面是单选按钮,只能选择其中的一个字段。同时,快速检索还提供了分类功能,可以按照中图分类法进行选择,在指定的分类中进行检索,如图 3-15 所示。

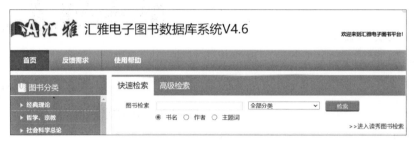

图 3-15　快速检索页面

在图 3-15 中,选择"书名"字段,在检索框中输入"管理研究方法",其检索结果如图 3-16 所示。

图 3-16　快速检索结果页面

如图 3-16 所示,共检索到 5 种图书,且这 5 种图书的书名中均包含了管理研究方法,可以对检索结果按照书名降序、书名升序、出版日期升序和出版日期降序对其排列显示。

(2) 高级检索

超星汇雅提供了高级检索功能,高级检索功能提供了 3 个字段,这 3 个字段可以从书名、作者和主题词中选择,不同字段之间可以选择"并且"和"或"的逻辑关系,还可以限定出版年代,对检索结果排序方式和每页显示条数进行限定,如图 3-17 所示。

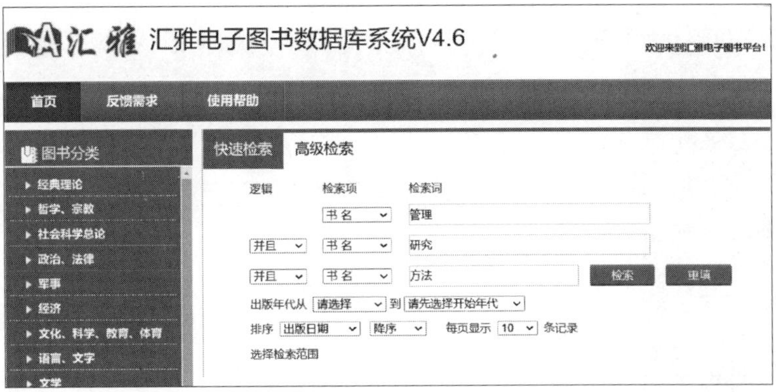

图 3-17　高级检索页面

如图 3-17 所示，选择 3 个字段均为"书名"，检索词分别为"管理""研究"和"方法"，逻辑关系选择"并且"，其他限定条件默认进行检索，检索范围为"分类选择"，最终检索到 30 种图书，如图 3-18 所示。

图 3-18　高级检索结果页面

如图 3-18 所示，检索到的 30 种图书书名中包括了上述 3 个检索词，这 3 个检索词只要同时出现就符合条件，可以对检索结果进行书名和出版社的降序和升序排列显示。

(3) 分类浏览

超星汇雅提供了分类浏览功能，图 3-19 左侧显示了所有的分类，点开其中的某一类就可以浏览该类别的图书。还可以点击某一分类出现该类的细分类，读者可以浏览其所需要类别的电子图书。

超星汇雅 3 种不同检索方法对检索结果的利用方法是一致的，可以点击某一本书的题名，按提示下载超星阅读器，在阅读器中进行阅读，如图 3-20 所示。

图 3-19　图书分类浏览

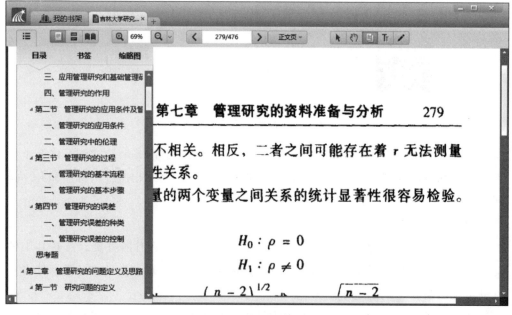

图 3-20　全文阅读页面

对电子图书资源识别后生成文本经过复制和粘贴后不是按照整行显示文字。如果想批处理整行显示，需要在 Word 的编辑菜单中找到"替换"子菜单，然后输入"^p"字符，用鼠标点击全部替换即可，如图 3-21 所示。

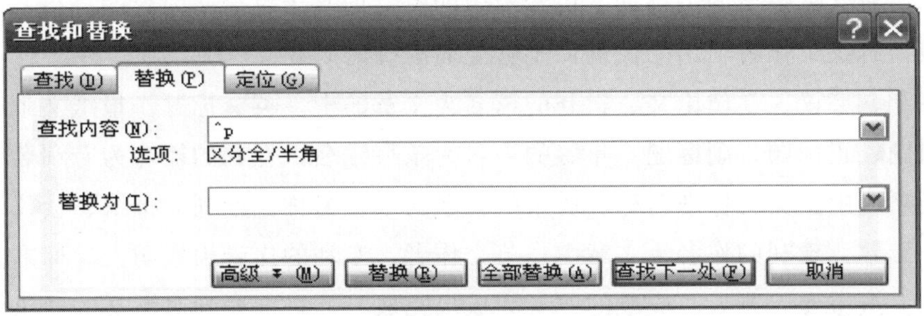

图 3-21 Word 中批量替换段落标记

3.5.3 中文电子文献检索

目前使用较为广泛和得到大家认可的电子期刊主要包括中国知识网（Chinese National Knowledge Infrastructure，简称 CNKI）电子期刊、万方数字化期刊。中国知网和万方数据除了可以检索期刊文献外还可以检索学位论文、专利文献、标准文献等特种文献，本文主要以中国知网介绍文献检索，如图 3-22 所示。

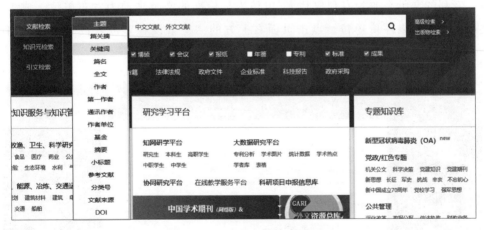

图 3-22 CNKI 文献检索页面

CNKI 将检索功能浓缩至"一框"中，根据不同检索的需求特点采用不同的检索机制和匹配方式，体现智能检索优势。CNKI 文献检索操作便捷，检索结果兼顾检全和检准。文献可供检索的字段包括主题、篇关键、关键词、篇名、全文、作者、第一作者、通讯作者、作者单位、基金、摘要、小标题、参考文献、分类号、文献来源。主题检索是在中国知网标引出来的主题字段中进行检索，该字段内容包含一篇文章的所有主题特征，同时在检索过程中嵌入了专业词典、主题词表、中英对照词典、停用词表等工具，并采用关键词截断算法，将低相关或微相关文献进行截断。关键词检索的范围包括文献原文给出的中、英文关键词，以及对文献进行分析计算后机器标引出的关键词。机器标引的关键词基于对全文内容的分析，结合专业词典，解决了作者给出的关键词不够全面准确的问题。

期刊、会议、学位论文、辑刊的篇名为文章的中、英文标题。报纸文献的篇名包括引题、正标题、副标题。年鉴的篇名为条目题名。专利的篇名为专利名称。标准的篇名为中、英文标准名称。成果的篇名为成果名称。期刊、报纸、会议、学位论文、年鉴、辑刊的作者为文章中、英文作者。专利的作者为发明人。标准的作者为起草人或主要起草人。成果的作者为成果完成人。目前期刊对原文的通讯作者进行了标引，可以按通讯作者查找期刊文献。通讯作者指课题的总负责人，也是文章和研究材料的联系人。期刊、会议、学位论文、专利、辑刊的摘要为原文的中、英文摘要，原文未明确给出摘要的，提取正文内容的一部分作为摘要。标准的摘要为标准范围。成果的摘要为成果简介。通过分类号检索，可以查找到同一类别的所有文献。期刊、报纸、会议、学位论文、年鉴、标准、成果、辑刊的分类号指中图分类号。专利的分类号指专利分类号。文献来源指文献出处。期刊、辑刊、报纸、会议、年鉴的文献来源为文献所在的刊物。学位论文的文献来源为相应的学位授予单位。专利的文献来源为专利权利人/申请人。标准的文献来源为发布单位。成果的文献来源为成果评价单位。点击页面右上方的"检索设置"进入设置页面，如图 3-23 所示。

图 3-23　检索设置页面

如图 3-23 所示，可以设置跨库检索范围及资料显示排序，还可以对检索结果显示进行设置，如默认显示条数、默认显示方式和默认排序方式。由于一框式检索只适用于粗略浏览某个主题和某个分类的文献，对于精确查找某个主题和某个分类的文献还存在着不足。在此情形下，需要高级检索功能予以支持，高级检索主题、篇名、关键词、摘要、全文检索时右侧推荐同义词、上位词、下位词、相关词。高级检索可以通过传统分类进行限定，也可以检索和控制内容，还可以对检索功能进行说明及功能引导。CNKI 文献的高级检索页面如图 3-24 所示。

图 3-24　CNKI 高级检索页面

除了高级检索外，CNKI 还提供了专业检索功能，专业检索摆脱了传统检索方法的束缚，使检索方法更为灵活，更能符合研究人员对检索的需求。CNKI 专业检索页面如图 3-25 所示。

图 3-25　CNKI 专业检索页面

专业检索表达式的一般式为＜字段＞＜匹配运算符＞＜检索值＞，在文献总库中提供以下可检索字段：SU＝主题，TI＝题名，KY＝关键词，AB＝摘要，FT＝全文，AU＝作者，FI＝第一责任人，RP＝通讯作者，AF＝机构，JN＝文献来源，RF＝参考文献，YE＝年，FU＝基金，CLC＝分类号，SN＝ISSN，CN＝统一刊号，IB＝ISBN，CF＝被引频次。如选择字段为"篇名"，关键词分别为"智慧物流""供应链"，检索结果如图 3-26 所示。

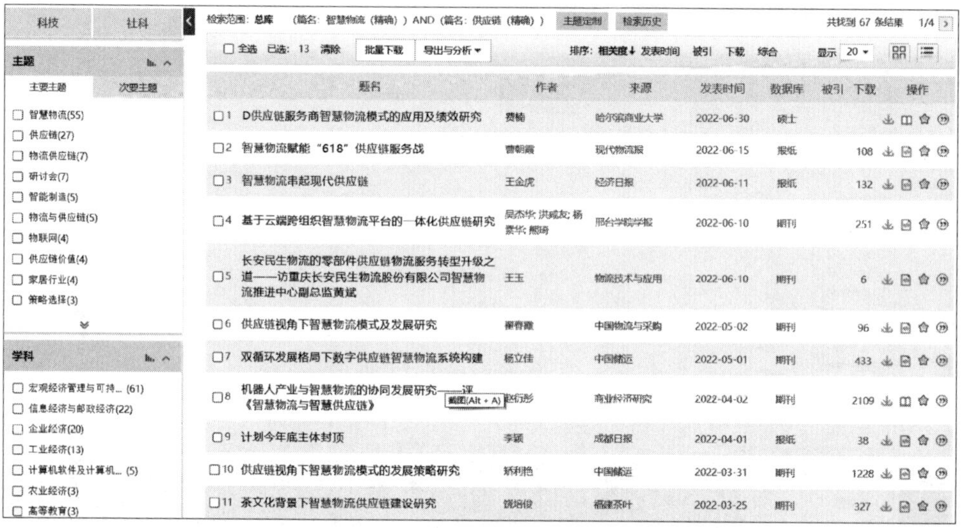

图 3-26 高级检索结果页面

点击图 3-26 中的某一篇文献，查看核心文献推荐，快速把握研究的来龙去脉，即了解研究起点、研究来源、节点文献、研究分支和研究去脉。如选择林楠发表在 2019 年 12 期的《技术经济与管理研究》上的"供应链视角下智慧物流模式发展策略选择"一文，其研究起点、研究来源、节点文献、研究分支和研究去脉如图 3-27 所示。

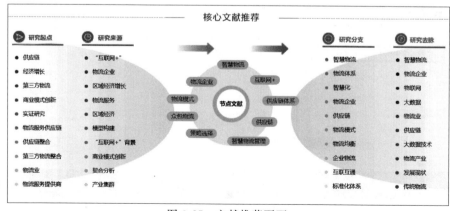

图 3-27 文献推荐页面

在该文下方有文献的知网节点，包括了二级参考文献、参考文献、节点文献、引证文献和二级引文献。二级参考文献是参考文献的参考文献，是进一步反映本文研究工作的背景和依据。参考文献是反映节点文献研究工作的背景和依据，引证文献是引用节点文献的文献，是节点文献研究工作的继续、应用、发展或评价。二级引证文献是节点文献的引证文献，更进一步反映节点文献研究工作的继续、发展或评价。知网节点如图 3-28 所示。

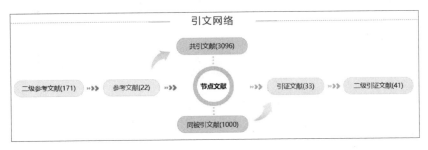

图 3-28　知网节点

3.5.4　外文电子文献检索

外文电子资源包括图书、期刊和特种文献等，这些不同的文献类型对于不同的研究者在不同阶段有不同需求。目前，研究人员对于外文文献应用比较广的是评价性工具，即主要是 Web of Science 核心合集和 The Engineering Index 等。这两类评价工具均属于二次文献，是一种检索工具。现在之所以在 Web of Science 和 The Engineering Index 中能看到全文是因为读者所在机构已购买了诸如 Elsevier SDOS、Emerald、IEEE、Wiley 和 PQDT 等全文数据库。本书以 Web of Science 核心合集为例对外文检索进行介绍。Web of Science 核心合集检索页面如图 3-29 所示。

图 3-29　Web of Science 核心合集检索页面

如图 3-30 所示，选择字段为"标题"，选择检索词分别为"business model innovation"和"logistics"，逻辑关系选择"AND"，共检索到 4 条结果，如图 3-30 所示。

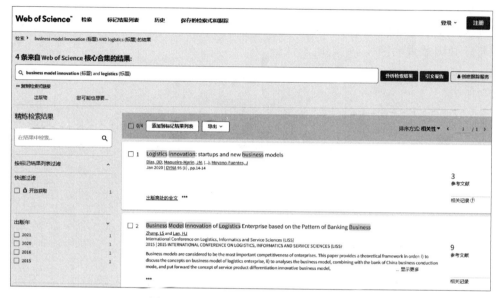

图 3-30　Web of Science 检索结果页面

如图 3-30 所示，在该页面可以按照出版年、文献类型、Web of Science 类别、作者、所属机构、出版物标题、出版商和基金资助机构等进行限定以对检索结果精炼，获得所要的目标参考文献。点击其中一篇文献，得到文献详细信息页面如图 3-31 所示。

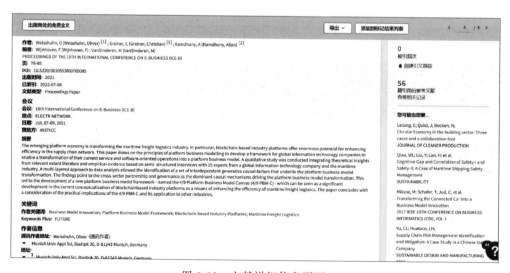

图 3-31　文献详细信息页面

3.5.5 网络资源检索

搜索引擎是对因特网各种信息资源进行标引和检索的工具,其功能按工作原理区分为以下两种基本类型。

① 检索型。通过 Robots、Spiders 等程序(自动跟踪、浏览网页并进行标引的智能软件)到各个网站搜集、存储信息,并建立索引数据库供用户查询。如 Google、AltaVista 等。

② 目录型。不采集网站的任何信息,而是利用各网站向"搜索引擎"提交关键词和网站描述等资料,经过人工审核编辑后,如果符合网站登录的条件,则输入数据库以供查询。Yahoo 是分类目录的典型代表,国内的搜狐、新浪等搜索引擎也是从分类目录发展起来的。全球搜索引擎主要包括 Google、雅虎、MSN、AOL、Terra Lycos、Altavista;中国搜索引擎主要包括百度、雅虎搜索、搜狗、新浪搜索、搜狐搜索、网易搜索和必应等。

在互联网出现前,人们获取信息的媒介主要有报纸、杂志、书籍、广播、电视等。互联网问世后,以其快捷方便的优势迅速成为人们获取信息的重要渠道。而随着互联网的普及,网站、网页、短视频的飞速激增,形成了海量信息,互联网信息的获取方式也发生了一些变化,归纳为如下四种。

① 直接浏览。直接打开网站,从地址栏输入,或通过收藏夹、书签、快捷方式、分类目录等打开。

② 搜索引擎。Google 和百度的出现,让大多数人获取信息从一个"框"开始。用户使用的前提是不知道目标网站而去寻求答案。

③ 信息定制。用户已经知道目标网站或目标信息关键词,但是因为所关注的信息源太多,关注成本很高,于是交给定制、订阅类网站去"监控",用最短时间获取最精准最及时的关注信息。

④ 多元检索。用户可以通过文字或语音对网络资源进行检索,以获取所需要的数据、事实、文献和视频等相关信息。

本书以百度学术为例对学术型网络资源进行介绍。百度学术提供了简单搜索、高级搜索、推荐、导航和热门论文等功能,如图 3-32 所示。

在百度学术检索页面输入检索词 "business model innovation" 进行检索,检索结果页面如图 3-33 所示。

如图 3-33 所示,可以对某一篇文献生成相应的参考文献,目前可供选择的参考文献格式为 GB/T7714、MLA 和 APA 三种,可以辅助学术论文参考文献的生成,如图 3-34 所示。

图 3-32　百度学术检索页面

图 3-33　百度学术检索结果页面

图 3-34　参考文献生成

3.6 文献检索利用

目前专业创新实践贯穿到高校不同教育层次,如本科生专业创新实践、硕士生创新创业教育等,还有不同层次和不同级别的创新大赛,这需要科学研究与学术论文写作予以足够的重视。创新教育是以培养学生的创新意识、创新精神、创新思维、创造力、创新人格等创新素养为基本价值取向的教育。专业创新实践是指与学生所学专业理论和技能紧密关联的创新教育。高等学校开设专业创新课程,更易激发学生的创新意识,取得创新成果,获得成功激励,能更有效地提高学生的创新素养,使学生在创新实践中学好专业知识,在专业实践中培育创新能力。

专业知识与科研能力素养包括了科学研究与学术素养、元素养、数字与网络素养、知识产权素养、信息素养、工具与平台素养等。信息素养是指人们在工作中运用信息、学习信息技术、利用信息解决问题的能力,主要包括信息意识、信息知识、信息能力和信息伦理道德四个层面。创新能力的形成经历了创新思维能力、产品/服务创新思维能力和技术创新能力的形成和培育过程,且层次由低到高。在实际的专业创新中我们可能会遇到以下问题:不知道有哪些可以利用的信息资源,不知道从哪里可以获取和利用这些信息资源,不知道如何去获取和利用这些信息资源,获取的信息资源总是不符合自己的需求,表现为信息迷航、信息缺失,不知道如何筛选和评价信息资源。此情形下,如何运用有效的方法,以最少的时间与精力来获取自己所要的信息是文献检索在专业创新中需要解决的问题。

3.6.1 信息素养的培育

信息素养,又称信息素质。具备信息素质的个人应该能够判断什么时候需要信息,并且能够查找、评价和有效地利用所需信息。简言之,当你需要信息时,能做到"知源、知取、知用"。其具体内涵为敏锐的信息感受力、判断力和洞察力,掌握信息获取、评价和利用的相关知识,具备运用信息知识解决各种问题的能力和信息行为应合理、合法。良好的信息素养应该能针对不同应用场景的问题,寻找合适的信息源。对于生活场景而言,可以利用专业门户网站和搜索引擎检索购物和旅行等所需要的信息;对于学习场景而言,可以采用学术性资源和学术搜索引擎检索相应的资源,如专业数据库、图书馆资源和权威学者自媒体等;对于工作场景而言,可以从学术性资源和搜索引擎两个方面搜索包括文献、数据和事实等资源,还可以从专业门户网站、官网和参考工具书中寻求答案。

3.6.2 粗略定题方法

本科生和硕士生想要快速进入某个研究领域，需要明确该研究领域的研究现状，知晓研究领域存在的争论焦点，明晰该研究领域的未来发展方向，需要学会如何对所搜集的资源加以有效地利用。假设一名硕士生欲在"电力系统评价"领域进行创新，该同学需要做什么？也就是该同学需要什么信息，应该去哪里获取信息和怎样获取信息，获取到的信息是否是研究所需要的信息，信息利用是否是合理使用，是否进行了创新。这一过程其实包含了信息需求的识别、信息定位、信息获取、信息评价和信息使用。科学研究过程是盲人摸象的场景再现，应该将不同盲人摸大象的不同部位改为同一盲人摸大象的不同部位，力求从多个层次、多个维度和多个视角探究所研究的主题。科学研究也正如剥洋葱的过程，通过由外到内、由现象到本质等视角，层层探究所研究主题的不同层次，以全面、客观、准确地了解所研究的主题。在此基础上，对所研究的主题进行中外文资源检索，以获得所需的资源，进而确定选题。

3.6.3 深入了解主题

首先，通过查百科、百度、WIKI、专业工具书对研究主题有一个大致的了解。其次看综述，主要看综述性论文（Survey、Overview、Review）或学位论文（Dissertation、Thesis、Degree paper）的第一部分对其进一步了解。最后读经典，主要读高被引、权威机构、权威作者等的成果，对主题更加深入了解，掌握研究领域各类首创研究成果，新技术、新材料、新方法等。还可以对研究主题从粗略到精准地研究，主要采用评价性工具找文件，进而关注特定期刊，从而关注特定团队，实现由粗到细、由多到精、由浅入深。在信息筛选过程中，尽可能选择有价值的信息，选择同行评审期刊和各类核心期刊，对于这两类期刊还可以按照论文被引频次、权威机构、权威作者和 H 指数等进一步筛选论文。具体而言，其选择顺序按照以下逻辑进行，即选择经评审的国际学术期刊（Peer Reviewed）、博士学位论文、专利、国际权威机构的报告、经评审的国际会议论文、经评审的国内核心学术期刊、公认的好书（教材/研究专著等）、硕士学位论文、国际一般期刊或杂志、经评审的国内会议论文、国内一般期刊或杂志或书或报告、本科毕业论文、报纸/互联网等。

3.6.4 选题定题思路

先尝试选择大方向（粗选），如电力系统评价，如果背景知识不足，可从百科开始，再看相应的专著（教材），进一步通过百科及教材拓展知识，得到电力安全可靠性评价、电力综合评价、电力系统运营状态评价、电力系统稳压评价等主题词，还有关于电力系统评价的细化，如配电网、智能电网、地区电网、继电保护、安全装置、自动装置等。在此基础上，选择配电网电力系统安全评价，找相关综述，通过阅读，找到选题切入点，构建检索表达式：篇名＝（综述 OR 述评 OR 概述 OR 趋势 OR 展望）AND 关键词＝电力系统。基于上述检索结果进行选题切入点的查找，可以从最新研究中选题，具体方法是检索结果按时间排序和分组；可以从高价值文献中选题，具体方法是按被引或下载次数排序；可以从权威学者权威机构中选题；可以从研究热点趋势中选题；可以从分组浏览的主题中选题等。

3.6.5 构造检索提问式

（1）**分析课题语句，对语句进行划分，确定课题所含的（内容）元素**，即以词为单位划分句子或词组。这一步应注意两个问题，其一是划分必须彻底，应该到词为止；其二是划分必须适度，只能到词为止。例如：确定主题"电力系统评价""电力系统""评价"，如将"电力系统"再划分为"电力""系统"，就是划分过度。

（2）**删除不具有检索意义的虚词、其他非关键以及过于宽泛和过分具体的限定词**。不具检索意义的词包括介词、连词、助词、副词等及其他非关键词。一些过分宽泛的词因不触及问题的实质也应该删除。例如"电力系统评价"可分解成"电力系统"和"评价"。

（3）**替换、补充**。有些检索课题的语词表达过于模糊、宽泛、狭窄或不可行，这时可以用概念替换补充的方法，引入更明确、更具体的概念作为替换词代替原有词，或者作为同义词和相关词增加到原来的概念组中，同时保留原有的词。以"电力系统评价"为例，通过划分和删除，我们可以得到这个课题较明确的一些概念，如"电力系统""评价"。如果对电力系统进行更深一步的分析，可以得到发电、变电、输电、配电、用电更为详细的内容，还可以用配电系统、电力分配系统、配电网、继电保护及配电网等对电力系统进行补充。

（4）**组合**。运用逻辑运算符，优先处理算符"（）"。如果一个检索式中既有"或"算符又有"与"算符且要优先运算"或"算符。此时必须使用优先处理算符"（）"，将"或"算符前后的词放入括号中优先处理。对于字段限制而言，多数计算机检索系统不指定字段的检索词，通常在所有基本字段中进行检索，如果想从作者姓名、关键词等途径查找文献，就需要使用字段限制。字段限制分前缀限制和后缀限制，如前缀限制：作者＝沈××、出版日期＝2012/3/18，再如后缀限制：锅炉/关键词。

以"电力系统评价"为例，经过上述几个步骤后，我们可以得到检索式：（题名＝电力系统）×（关键词＝评价），可以演化为（（题名＝发电）＋（题名＝变电）＋（题名＝输电）＋（题名＝配电）＋（题名＝用电））×（关键词＝评价），进一步可以演化为（（题名＝发电）＋（题名＝变电）＋（题名＝输电）＋（题名＝配电）＋（题名＝用电）＋（题名＝配电系统）＋（题名＝电力分配系统）＋（题名＝配电网）＋（题名＝继电保护））×（关键词＝评价）。这样，可以查找到相关资料，进而找到研究的机会或切入点进行深入研究。

小　　结

搜集资料、汇总资料、分析资料对于科学研究和论文写作是非常重要的。本章在介绍文献收集的意义、文献资源的类型、文献资源的等级、文献检索语言、文献检索方法、检索策略及调整、文献检索步骤、检索结果评价等文献检索知识基础上，分别对纸本资源检索、电子资源和网络资源的搜集进行重点介绍。特别重要的是在本章最后针对本科生和硕士生想快速进入陌生领域进行专业创新实践的文献检索和利用进行了详细介绍。

练　　习

1. 试说明文献资料搜集对于科学研究和学术论文写作的意义。
2. 目前，可搜集的文献资料的种类有哪些？不同种类的文献资料搜集有哪些特点？
3. 请结合你的研究课题详细说明检索步骤。
4. 请结合本章知识点，阐述如何快速进入某一个研究领域。

4 文献管理工具

4.1 文献管理工具简介

文献管理工具最直接的就是它可以连接网上不同的数据库,免去逐个登录多个数据库的劳累,提高了文献搜集效率。它可以方便地管理文献,包括文摘、全文、阅读心得以及各类附件。使用文献管理工具可以省去按照研究专题建立一个又一个文件夹的烦恼,也便于研究人员查找文献,轻松实现文末参考文献格式的编辑。文献管理工具有多种,这些工具的基本功能相似,只是操作界面略有差异。文献管理工具有免费的和收费的、开源的和不开源的、在线的和离线的、跨平台的和不跨平台的。其中,不跨平台的可能会有多种版本。在国外,使用时间较长、使用较多、知名度较高的单机版工具是 EndNote,该文献管理工具几乎每年更新一版,每版都有一些功能改进。

EndNote 属于汤森路透(Thomson Reuters)公司,同属该公司的文献管理工具还有 Reference Manager。Reference Manager 是一款专门用来管理书目参考文献的工具。任何用户需要收集参考文献作研究之用或需制作书目时都可使用。因其能轻易地管理资料,Reference Manager 受到全球学术机构以及商业、研究机构的研究人员、图书馆员和学生的广泛使用。国产的文献管理工具有四种,分别是 NoteExpress、NoteFirst、医学文献王和新科学。本书以目前科研人员应用最广的 EndNote 为例对文献管理工具进行介绍。

4.1.1 文献管理的意义

科技文献的快速增长,刺激了文献管理工具的诞生。文献管理工具是集文献检索、收集、整理功能于一体，帮助用户高效管理和快速生成参考文献的软件，其提供附件、笔记、查找、分析等功能，可以帮助用户实现文献阅读、文献引用的全程管理。有效和灵活地使用文献管理工具，可以解决以下几个方面的问题。①重复下载阅读。当我们阅读某一篇文献时，感觉似曾相识，运用桌面工具搜索发现以前确实下载过、阅读过。②宝贵灵感丢失。当我们阅读某一篇文献有心得时，在文献上做了笔记，过后查找文献困难。③可能标引不当。论文写作时参考了文献，初稿出来却忘记了哪一处引用了哪一文。④重复无用工作。文章撰写完毕，发现稿件最前边须插入一篇重要的参考文献。面对这些问题，可能大多的研究人员仍然习惯使用义件夹管埋文献，每天都会有一段时间在查找以前下载的文献，甚至是重复下载以前下载过的文献。

4.1.2 文献管理的功能

文献管理的主要功能是搜集与管理不同来源的文献，建立个人数字图书馆，为不同的科研课题创建不同的组，并可以随时对收集的文献进行检索、编辑和共享。为方便地引用相关文献，撰写论文时采用文献管理工具可以轻松地将要引用的文献自动按照目标期刊要求的格式插入，实现边写边引。文献管理工具有助于自动转换论文格式，在转投其他期刊时，可以很快地将论文格式转换成改投期刊要求的引文格式。文献管理工具还可以自动调整引文序号，可在文章需要的位置随时插入参考文献，并自动调整序号。目前，科研人员使用较为广泛的文献管理工具为 EndNote，本书以 EndNote 为例介绍文献管理工具的主要功能。

4.1.3 EndNote 主要功能

EndNote 由 Thomson Corporation 下属的 Thomson Research Soft 开发，是目前最受欢迎的文献管理工具。EndNote 目前使用的版本是 EndNote X，可以较好地支持中文。EndNote 将不同来源的文献资料下载到本地，建立本地数据库，实现对文献的管理和使用。EndNote 可以整合不同数据源，实现自动剔除重复文献，可避免重复阅读信息。在数据库检索方面，可以方便地检索，还可以进行一定的统计分析等。在撰写论文、学术报告或书籍时，EndNote 可以非常方便地管理参考文献格式。当科研工作者有灵感时，可以利用 EndNote 随时做笔记和管理笔记。EndNote 可以管理全文、网页、图片和表格等文献，为管理学专业人员撰写综述或阅读大量文献提供了极大的方便。整个工具的架构主要包括数据库的建立、数据库的管理和数据库的应用 3 个方面。

4.2 EndNote 功能及使用方法

EndNote 可以帮助研究者完成从文献查询、文献管理到论文撰写的整个工作，大大提高工作效率，减少出错机会。因此，科研工作中掌握 EndNote 的使用是十分必要的。撰写学术论文和学位论文时，文后参考文献的编写非常繁琐，多次投稿时，要反复修改参考文献格式，此时可用 EndNote 来解决。EndNote 分为单机版和网络版，网络版安装在系统服务器上，使用时需要上网。EndNote 的版本从原来的 EndNote1 逐步升级到 EndNote9，到第十版时称为 EndNoteX，紧接着演进到目前的 EndNote20，其功能不断提升。EndNote20 与 X8 和 X7 版本在各方面的差异都不大。目前，最新版本为 EndNote20.4.1。基于此，本书以 EndNote20.4.1 版本为例进行介绍。

4.2.1 EndNote 安装

使用 EndNote 须先安装，用户可购买正式版，也可在网上下载，本书作者建议购买正式版。安装后就可以运行 EndNote，进行数据库建立等操作。目前，部分组织机构已集团购买放在内部网络上，只有机构内部人员才能使用，安装过程和其他工具类似。安装后除了可以在系统的"开始"菜单看到，还可以打开 MS-Word，"EndNote"工具栏会自动出现在 Word 菜单栏中，如图 4-1 所示。

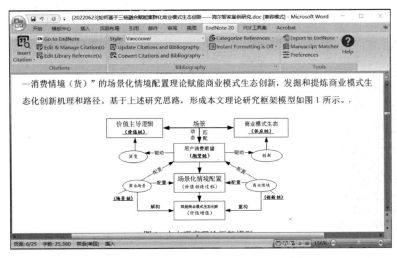

图 4-1　Word 中的"EndNote"工具栏

4.2.2 建立文献数据库

EndNote 要管理文献信息，首先要建立数据库。建立数据库的目的是将同一主题不同来源的相关资料放到一个文件中，而不是以往的分专题建立不同的数据库，这样可以汇聚成一个数据库文件，同时方便剔除来源不同的相同文献信息，也便于分析、管理和应用。EndNote 新建数据库通过图 4-2 的"File"菜单栏，选择"New…"子菜单建立。

图 4-2　EndNote 建立数据库页面

首次建立数据库时，可以依据自己的喜好取名，最好是按照所进行的科学研究项目予以实际意义的命名，并将数据库存储在指定位置，数据库名的后缀为"enl"。当用户建立文献数据库后进入到图 4-3 所示的 EndNote 主页面。

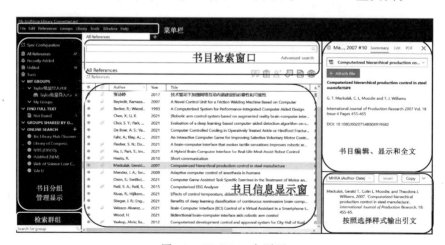

图 4-3　EndNote 主页面

如图 4-3 所示，EndNote 主页面左侧上方是书目分组管理显示窗口，左侧下方是检索群组功能区，在该区域可以检索当前数据库所建立的群组。EndNote 主页面的中间部分为书目信息显示窗口，右侧上方为书目编辑、显示和全文窗口，下方为按照选择样式输出引文窗口。

4.2.3　Library 管理窗口

EndNote 管理窗口主要包括本地数据库模式、在线搜索模式、两类模式的混合模式，还包括查找全文和以目前选定格式显示参考文献，数据库主要功能包括所有书目数据、未被分类的书目数据、回收站、书目分组和在线搜索功能，如图 4-4 所示。

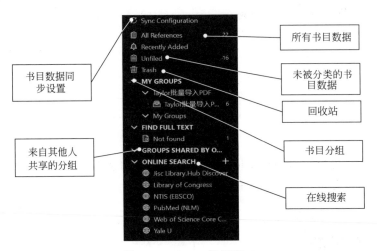

图 4-4　Library 管理窗口

4.2.4　书目信息浏览窗口

书目信息浏览窗口主要显示作者、出版年份、文章标题、期刊名称、更新日期和文献类型，最左侧有回形针图标的文献表明该文献在数据库中有全文。书目信息浏览窗口如图 4-5 所示。

如图 4-5 所示，在其右上方有 6 个工具按钮，这 6 个工具按钮的功能分别为插入引文、添加新记录、分享文件组、导出书目数据、更新信息和一键生成 Web of Science 引文报告。

4.2.5　书目编辑及预览窗口

书目编辑和预览窗口主要包括文献类型、文献等级，还包括作者、出版年、标

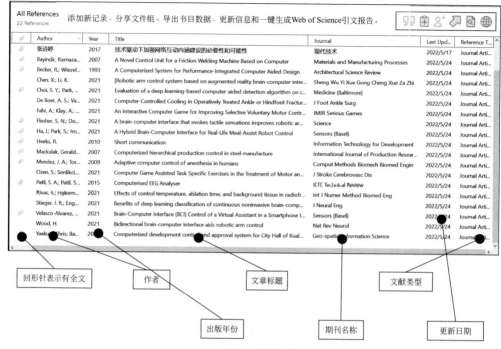

图 4-5 书目信息浏览窗口

题等信息，用户可以以目前选定的文献显示格式显示文献信息，生成参考文献的预览。书目编辑及预览窗口如图 4-6 所示。

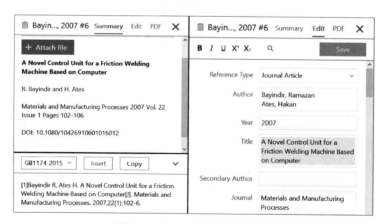

图 4-6 书目编辑及预览窗口

4.2.6 全文预览窗口

全文预览窗口可以显示带有曲别针图标的书目全文，在全文预览中可以全屏显示，可以打印和发送邮件，还可以进行简单的翻页、缩放、页面的旋转等，以及在全文的某个位置插入注释，或者对某段文字高亮显示，便于阅读过程中记录最为宝贵的灵感。全文预览窗口如图 4-7 所示。

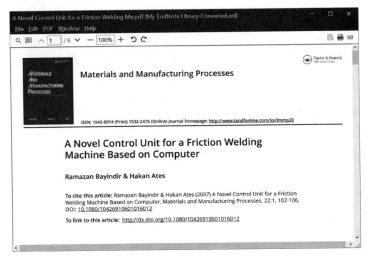

图 4-7　全文预览窗口

4.3　EndNote 搜集参考文献

4.3.1　手工输入方式

在 EndNote 页面，依次点击菜单栏的"Refrence"，选择"New Refrence"或者点击工具栏的"新建"按钮，打开"新建 Refrence"窗口，按照要求填写作者、标题、刊名等书目信息，然后点击"Save"即可保存新建书目信息。"新建书目"窗口如图 4-8 所示。

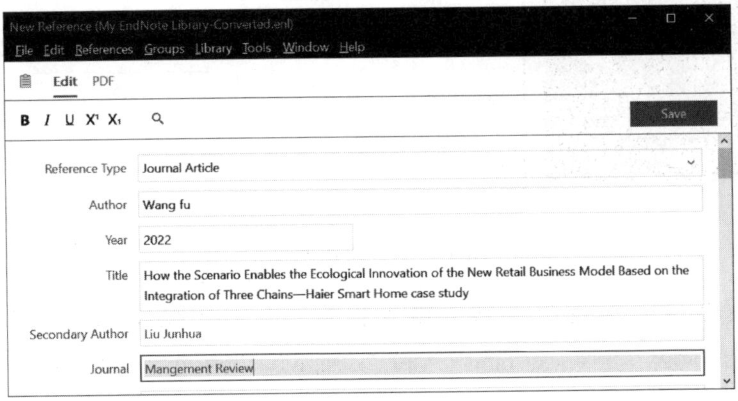

图 4-8　"新建书目"窗口

如图 4-8 所示，在新建书目数据库时，特别注意文献类型的选择，不同文献类型标注的方式不同，文献标识码亦不同，且书目信息也不同。

4.3.2 联机导入方式

联机导入方式也称为在线检索方式。用户可以点击 EndNote 页面左侧的 Online Search 后面的"＋"号，在弹出的"在线数据库选择"对话框选择要检索的数据库，即可在搜索面板中构建检索策略。在线搜索功能不支持中文数据库。如选择 PubMed（NLM）在线数据库，其页面如图 4-9 所示。

在图 4-9 中，点击"Choose"按钮进入在线搜索面板，将在线检索结果导入数据库，实现联机导入。

图 4-9 联机导入方式建立书目

4.3.3 在线搜索面板

点击 EndNote 主页面左侧的"ONLINE SEARCH"右侧的"＋"号，选择"Yalu U"建立链接，进入到在线搜索页面，如图 4-10 所示。

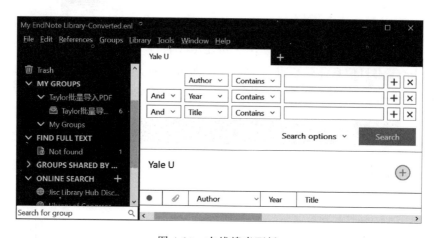

图 4-10 在线搜索面板

在在线搜索面板选择字段，输入检索词，形成检索结果。如选择字段"Title"，检索词为"business model"和"design"，出版年为"2013"，得到图 4-11 的检索结果。

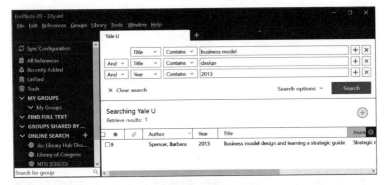

图 4-11　联机搜索结果

图 4-11 检索结果右上方的齿轮可以设置检索结果偏好，包括设置显示的字段和字体、书目数据去重时对比的字段、查找全文等。

4.3.4　PDF 单个文件或文件夹导入

EndNote 可以导入单个 PDF 文件，也可以使用文件夹导入功能批量导入 PDF 文件，需要事先下载好相应的 PDF 文件。EndNote 的 PDF 单个文件或文件夹导入页面如图 4-12 所示。

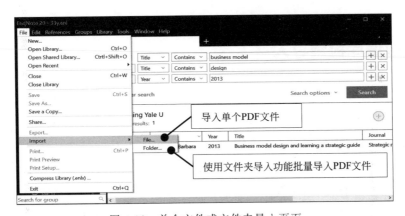

图 4-12　单个文件或文件夹导入页面

在图 4-12 中，点击 "Import" 选择 "File…" 进入如图 4-13 所示的单个 PDF 文件导入选项页面。否则，选择 "Folder…" 进入文件夹导入 PDF 页面。

如图 4-13 所示，点击 "Choose" 按钮选择要导入的目标文献，在 "Import Option" 选项中选择 PDF，"Duplicates" 选项根据实际情况选择是否去重文件，如果不去重则选择 "Import All"，在 "Text Translation" 选项中选择 "No Translation"，然后点击 "Import" 按钮导入文件，导入文件后的页面如图 4-14 所示。

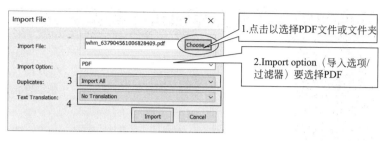

图 4-13　PDF 文件导入选项页面

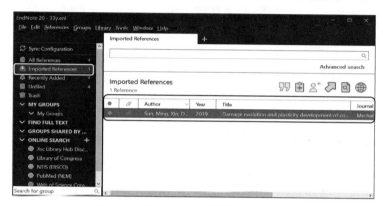

图 4-14　单个 PDF 文件导入结果页面

4.4　数据库检索导入

此处数据库是指第三章讲到的各类资源，本书主要分为外文资源和中文资源导入。在外文资源部分选择 Elsevier SDOL、EBSCOhost、SpringerLink、Web of Science、Emerald 进行介绍。在中文部分选择 CNKI、万方数据、读秀学术搜索进行介绍。在实际数据库导入中，不仅包括图书馆提供的中文资源和外文资源，还包括自建数据库和网络数据等资源，需要很好地掌握个同资源引文功能的位置，能够快速导出不同数据库检索结果的筛选记录的书目信息，使这些信息能够在 EndNote 中很好地体现。

4.4.1　Elsevier SDOL 数据导入

打开 Elsevier SDOL，选择检索字段、输入检索词，其他限定条件默认，检索后得到检索结果如图 4-15 所示。

如图 4-15，首先选中检索结果的目标信息，然后点击"Export"按钮，再选

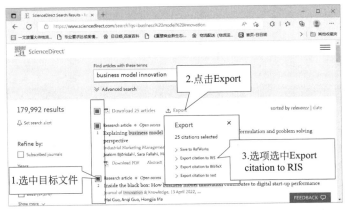

图 4-15　Elsevier SDOL 检索结果页面

择 RIS 参考文献格式，Elsevier SDOL 会自动下载一个文件并自动关联 EndNote 程序，将数据导入 EndNote，如图 4-16 所示。

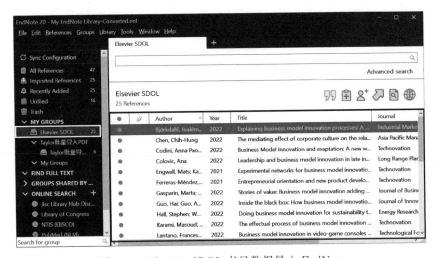

图 4-16　Elsevier SDOL 书目数据导入 EndNote

4.4.2　EBSCOhost 数据导入

打开 EBSCOhost，选择检索字段、输入检索词，其他限定条件默认，检索后得到检索结果如图 4-17 所示。

如图 4-17 所示，选择某条检索结果，点击方框内题目的超级链接进入到该条文献的详细记录，其结果如图 4-18 所示。

如图 4-18 所示，该条文献包括了题名、作者、来源、文献类型和主题语等信息。在其右侧有一些工具，包括从文件夹中删除、打印、电子邮件、保存、引用、

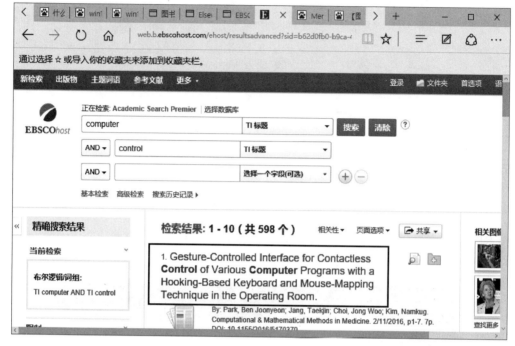

图 4-17　EBSCOhost 检索结果页面

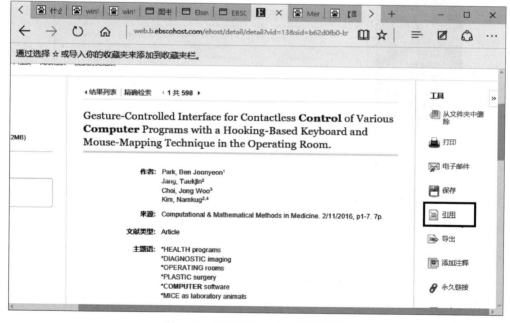

图 4-18　EBSCOhost 详细记录页面

导出、添加注释和永久链接等。选择工具中的"引用"进入图 4-19 所示的页面，该页面显示了不同参考文献格式，选择"导出至文献目录管理软件"这类引文格式。

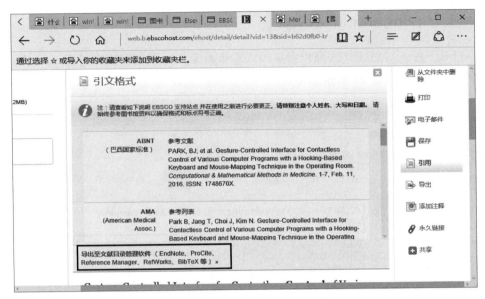

图 4-19　EBSCOhost 引文格式选择页面

如图 4-19 所示，点击"导出至文献目录管理软件（EndNote、ProCite、Reference Manager、RefWorks、BibTex 等）"，进入图 4-20 所示的引文导出页面。

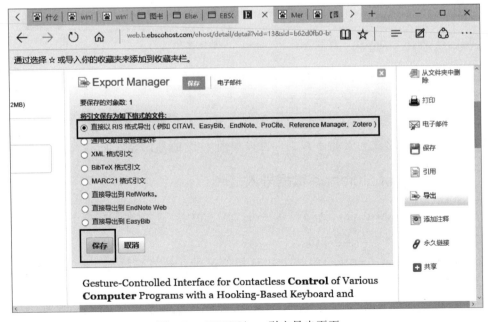

图 4-20　EBSCOhost 引文导出页面

如图 4-20 所示，选择 RIS 引文格式，点击"保存"按钮，弹出引文下载页面，点击打开按钮就进入到 EndNote 页面。

4.4.3　SpringerLink 数据导入

打开 SpringerLink，选择检索字段、输入检索词，其他限定条件默认，检索后得到检索结果如图 4-21 所示。

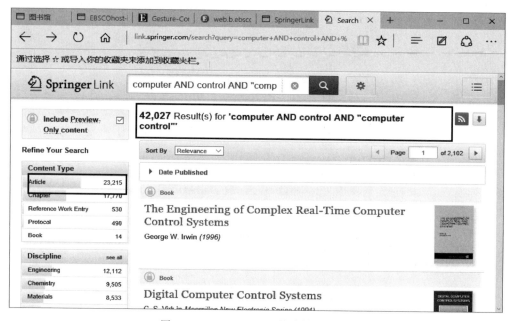

图 4-21　SpringerLink 检索结果页面

如图 4-21 所示，检索结果为 42027 条，其中有 23215 条论文记录，点开论文记录并选择其中一条记录，进入图 4-22 所示的页面。

如图 4-22 所示，点击右侧的 Export citation 下拉列表，选择第一个选项 EndNote（.ENW）格式，开始下载文件并以如图 4-23 的方式导入 EndNote。

4.4.4　Web of Science 数据导入

打开 Web of Science，选择检索字段、输入检索词，其他限定条件默认检索后得到检索结果如图 4-24 所示。

如图 4-24 所示，选择检索结果的某几条记录，并将其添加至标记结果列表，如图 4-25 所示。

如图 4-25 所示，第一步选择记录，第二步选择内容，第三步选择目标。在选择目标这步，选择"保存至 EndNote desktop"，系统显示将选中的记录发送至 EndNote。

图 4-22　SpringerLink 检索详细信息页面

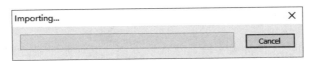

图 4-23　导入 EndNote 的进度条

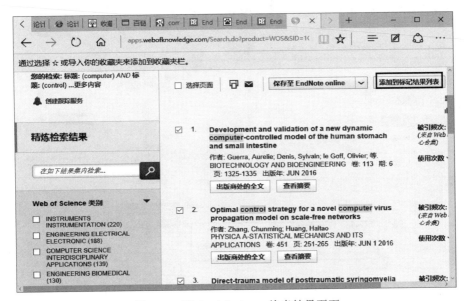

图 4-24　Web of Sceience 检索结果页面

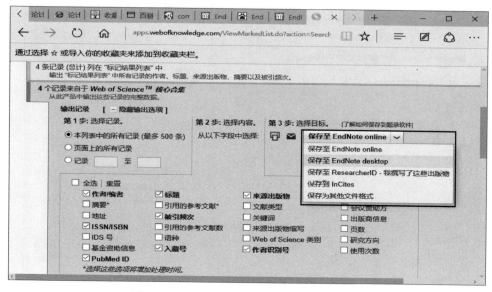

图 4-25　Web of Sceience 引文格式选择页面

4.4.5　Emerald 数据导入

打开 Emerald，选择检索字段、输入检索词，其他限定条件默认检索后，得到检索结果如图 4-26 所示。

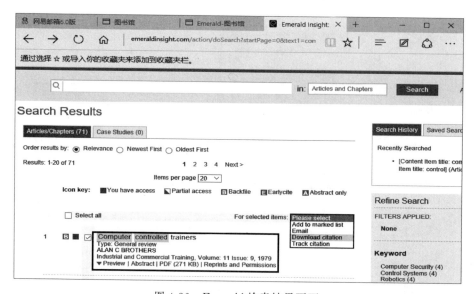

图 4-26　Emerald 检索结果页面

如图 4-26 所示，选择某条检索结果，再选择下载引文，进入图 4-27 所示的引文格式选择页面。

图 4-27　Emerald 引文格式选择页面

如图 4-27 所示，选择某条检索结果，再选择下载的引文格式，点击"Download article citation data"，进入图 4-28 所示的引文导出页面。

图 4-28　Emerald 引文导出页面

如图 4-28 所示，显示引文文件自动下载成功，点击打开按钮进入 EndNote 主页面。

4.4.6 CNKI 数据导入

打开 CNKI，选择检索字段、输入检索词，其他限定条件为默认值，得到检索结果如图 4-29 所示。

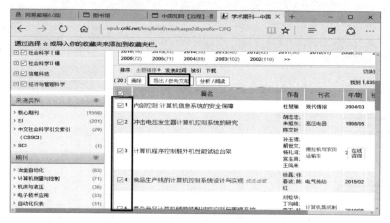

图 4-29 CNKI 检索结果页面

如图 4-29 所示，选择某几条检索结果，点击"导出/参考文献"按钮进入图 4-30 所示的引文格式选择页面。

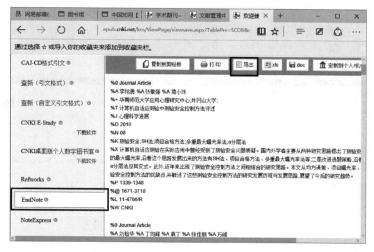

图 4-30 CNKI 引文格式选择页面

如图 4-30 所示，选择 EndNote 引文格式，再点击"导出"按钮，生成 .txt 的引文文本，然后再将文本文件导入到 EndNote，如图 4-31 所示。

如图 4-31 选择文本文件，导入类型选择 EndNote Import，其他选项如前，点击"Import"完成导入，文献导入结果页面如图 4-32 所示。

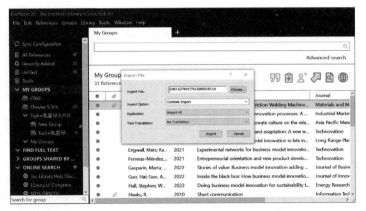

图 4-31　文本文件导入 EndNote 页面

图 4-32　文本文件导入 EndNote 结果页面

如图 4-32 所示，文本文件导入 EndNote 页面与 PDF 格式导入页面的结果不同，文件导入的信息显示全面，而 PDF 格式导入的信息显示不全，还需要手工补充。

4.4.7　万方数据导入

打开万方数据，选择检索字段、输入检索词，其他限定条件默认，检索后得到检索结果如图 4-33 所示。

如图 4-33 所示，选择某几条检索结果，点击"导出"按钮进入图 4-34 所示的引文格式选择页面。

如图 4-34 所示，选择某几条检索结果，选择引文格式 EndNote 并点击"导出"按钮，将引文导入到 EndNote。

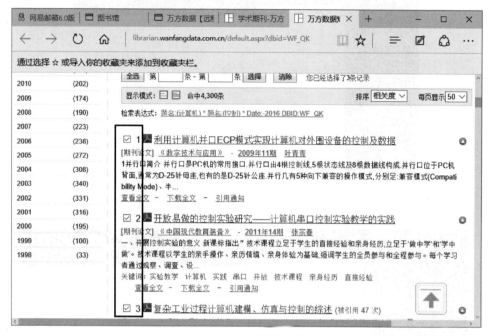

图 4-33 万方数据检索结果页面

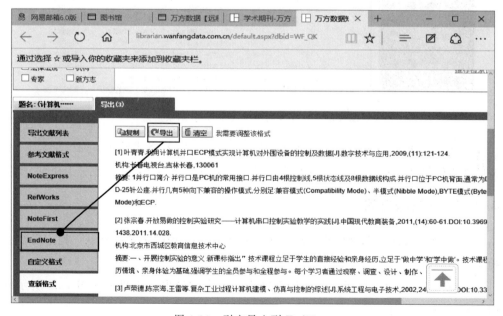

图 4-34 引文导入到 EndNote

4.4.8 读秀学术搜索数据导入

打开读秀学术搜索,选择检索字段、输入检索词,其他限定条件默认,检索后得到检索结果如图 4-35 所示。

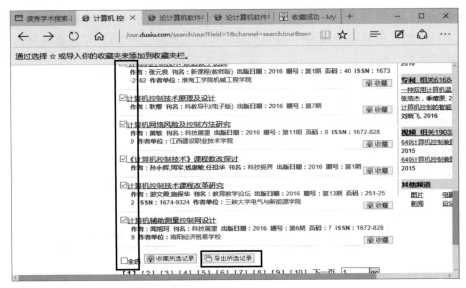

图 4-35 读秀学术搜索检索结果页面

如图 4-35 所示,选择某几条检索结果,点击"导出所选记录"按钮进入图 4-36 所示的页面。

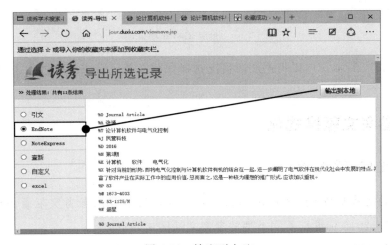

图 4-36 输出到本地

如图 4-36 所示,选择 EndNote 引文格式,点击"输出到本地"按钮,导出引文的文本文件,将文本文件导入到 EndNote 即可。

4.5 参考文献的管理

参考文献管理主要包括删除某个组、创建一个新的组、重命名某个组、创建一个智能群组、创建一个群组集、查找重复导入的文献以及附件和笔记，这些操作比较简单，在此不再赘述。在整个参考文献管理的过程中，包括了查找重复导入的文献，如图 4-37 所示。

图 4-37　重复记录处理页面

如图 4-37 所示，可以根据实际情况选择保留某条记录或者跳过某条记录。

4.6 参考文献格式化

4.6.1 生成书目信息

不同的文献类型按照不同的格式进行著录，目前我国参考文献著录格式采用 GB/T7741—2015 标准，不同类型的参考文献格式如下。

(1) 著作格式。 作者. 题名 [M]. 版本项. 出版地：出版者, 出版年：起-止页码.

(2) 期刊格式。 作者. 题名 [J]. 来源, 出版年, 卷（期）：起-止页码.

(3) 会议录格式。 作者. 题名 [C]. 会议名, 会议地, 出版年：起-止页码.

（4）学位论文格式。作者.论文名［D］：［博士/硕士］.授予单位所在地：授予单位,授予年：起-止页码.

（5）报告格式。发布者.报告名［R］.出版地：出版者,出版年：起-止页码.

（6）标准格式。发布单位.标准代号 标准名称［S］.出版地：出版者,出版年：起-止页码.

（7）专利格式。发明人或专利权人.专利名：专利号［P］.公告或公开日.

4.6.2 格式化书目信息

格式化书目信息就是按照某种著录标准对文献进行标注。对于 GB/T4471—2015 引文格式而言,因为原系统没有此格式,所以需要按照以下 3 条进行修改。第一,要修改文内标号格式为上标；第二,要修改文后参考引文格式为国内标准；第三,修改文后参考引文数字标号不同的文献类型,按照不同的格式进行著录。因为 Vancouver 格式与 GB/T4471—2015 最为接近,所以在 Vancouver 的基础上对其进行如下修改。在 EndNote 点击菜单 Tools,选择 Output Styles,再选择 Open Style Manager,如图 4-38 所示。

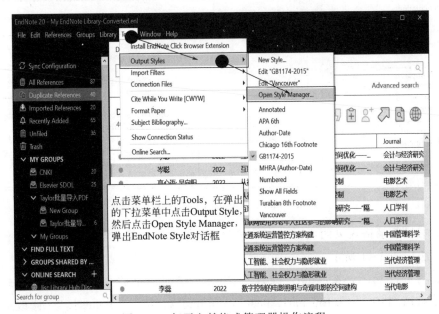

图 4-38 打开文献格式管理器操作流程

在图 4-38 中,点击 Tools 菜单,选择 Output Styles,进入 Edit"Vancouver"的过程如图 4-39 所示。

在图 4-39 中,选择 Vancouver 样式,点击编辑按钮对其进行编辑,首先对其文内上标进行修改,如图 4-40 所示。

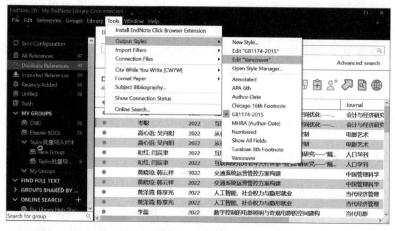

图 4-39　打开文献格式管理器对话框

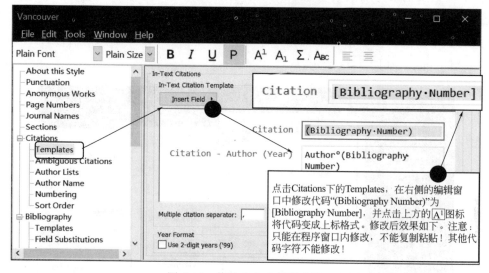

图 4-40　修改文内上标的方法

在书目著录格式页面可以对文后参考文献格式进行修改，以期刊论文为例，其修改方法如图 4-41 所示。

如图 4-41 所示，按照 GB/T4417—2015 的著录标准将期刊论文原有格式修改为"Author. Title|[J]. Journal|. Year|, Volume|(Issue)|: Pages|."。修改的整个过程只能在英文输入法状态下手动输入，不可复制粘贴。在 EndNote 中，对文后参考文献的占位符以图 4-42 的方式修改。

"Bibliography Number."居中的这个小点为空格占位符，无实际意义，只代表此处有一个空格。此处的"Bibliography Number."修改为"［Bibliography Number］"。

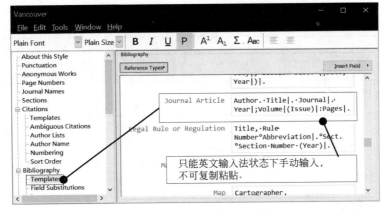

图 4-41　修改文后参考文献格式的方法

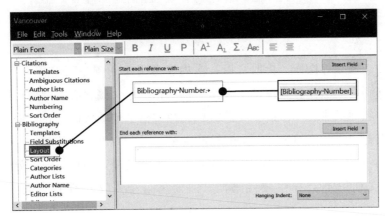

图 4-42　修改文后参考文献占位符方法

4.7　边写边引

边写边引是指在论文写作过程中，要边写作边引用，使得引用更为科学和准确。EndNote 安装之后，会在文字处理工具 Word 中出现一个 EndNote 工具条，利用此工具条可进行边写边引，如图 4-43 所示。

要在某个位置插入一篇参考文献，应将光标放在该位置，然后点击工具栏"插入引文功能区"的"Go to EndNote"按钮，返回至 EndNote 程序界面。点击"Insert citation"按钮后，程序自动返回 Word 界面，并将选中的文献插入到了相应的位置。如果图 4-43 中第二篇文献不需要了，不能直接选中后按键盘上的 Delete 按钮或者 Backspace 按钮，而是要使用工具栏上的 Edit & Manage Citation（s）（编辑和管理引文）功能。在这个对话框内，可以对已经插入文内的所有参考引文进行

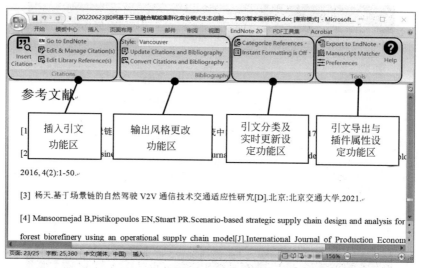

图 4-43　边写边引插件及其功能

顺序的移动、删除等操作。更改之后，文内参考引文的顺序、编号均会自动调整。现在学术期刊都要求作者提供电子文稿。格式化后的文稿含有大量域代码，有可能与编辑部的软件不兼容，因此提交前需要去掉文稿里的域代码。在"输出风格更改功能区"点击"Convert Citations and Bibliography"弹出下拉菜单，点击下拉菜单中的"Convert to Plan Text"，EndNote 会重新生成一个新的 word 文档，在这个新的 word 文档中不会存在域代码，只需要将这个新文档保存即可进行投稿和分享。

4.7.1　插入引文功能

EndNote 插入引文功能主要包括返回 EndNote（Go to EndNote），编辑、管理引文 [Edit & Manage Citation(s)]、编辑数据库的书目数据 [Edit Library Reference(s)]、插入引文（Insert Citation…）、插入 EndNote 程序选中的书目引文 [Insert Selected Citation(s)]、插入笔记（Insert Note…）和插入图片（Insert Figure…）功能。EndNote 插入引文功能如图 4-44 所示。

撰写学术论文插入参考文献时，点击"Go to EndNote"，实现从 Word 跳转到 EndNote。如果 EndNote 没有开启，点击该按钮启动 EndNote。"Insert Citation…"是指要在 Word 文档中插入引文。"Insert Selected Citation(s)"是"插入选择的引文"功能，该功能是要插入 EndNote 程序中选中的书目引文，可以插入一篇，也可以插入多篇。"Insert Note…"是指"在 Word 文档中插入笔记"功能。"Insert Figure…"是在 Word 文档中插入图片功能。比如，Word 中某一篇参考文献要删除，不能直接选中，然后按键盘上的 Delete 按钮或者 Backspace 按钮，要使用工具栏上的 Edit & Manage Citation(s)（编辑和管理引文）功能。

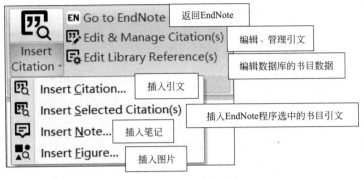

图 4-44　插入引文功能

4.7.2　输出风格更改功能

EndNote 输出风格更改功能主要包括输出风格选择（Style）、更新引文信息（Update Citations and Bibliography）、转换引文（Convert Citation and Bibliography）、转换为无格式化引文（Convert to Unformatted Citations）、去域代码（Convert to Plain Text）、转换参考文献引文到 EndNote（Convert Reference Manager Citations to EndNote）和转换 Word 引文到 EndNote（Convert Word Citations to EndNote）。现在管理类期刊都要求作者提供电子文稿。格式化后的文稿含有大量域代码，有可能与编辑部的软件不兼容，因此提交前需要去掉文稿里的域代码。EndNotes 输出风格更改功能工具条如图 4-45 所示。

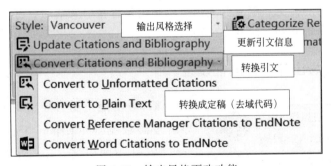

图 4-45　输出风格更改功能

在图 4-45 中，可以根据投稿的目标刊物选择引文输出风格，如投稿中文期刊需要自己制作 GB/T7714-2015 格式，并且选择这种输出格式。当引文信息变更后可以点击更改引文信息工具。在输出风格更改功能区点击"Convert Citations and Bibliography"弹出下拉菜单，点击下拉菜单中的"Convert to Plain Text"，End-

Note 会重新生成一个新的 Word 文档，在这个新的 Word 文档中不会存在域代码，去除域代码前必须将含有域代码的文档先保存一遍当作备份。

4.7.3 引文分类及实时更新

EndNote 引文分类及实时更新设定功能主要包括引文分类（Categorize References），该功能包括了按组对引文分类（Group References by Custom Categories）和配置分类（Configure Categories…），用户可以按照自己的需要分组并对分类进行配置。另外，还包括"Instant Formatting is On"，该功能包括了"Turn Instant Formatting Off"和"Configure Instant Formatting…"。"Instant Formatting is On"为打开实时更新引文格式开关，"Turn Instant Formatting Off"为关闭状态，用户可以根据自己需要确定是否打开。EndNotes 引文分类及实时更新设定功能如图 4-46 所示。

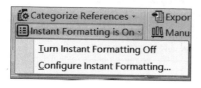

图 4-46　引文分类及实时更新设定功能

在图 4-46 中，引文可以按组分类（Group Refrences by Custom Categories），还可以根据配置分类（Configure Categories…）。使用根据配置分类时，其操作方法为点击"Categorize References"按钮，出现"Group References by Custom Categories"和"Configure Categories…"两个选项，需要用户点击后一选项进入到配置页面。EndNote 默认的有"Primary Sources"和"Secondary Sources"两个分类选项，用户可以根据实际需要对这两个选项之一右击分类，将其重命名为 Journal、Book 等。如果分类不够用，可以点击配置页面左上方"Category Headings"左侧的"+"增加新的分类。配置分类还可以确定是否在引文增加后自动更新引文，这一功能可以通过打开和关闭开关实现。

4.7.4　引文导出与插件属性设定

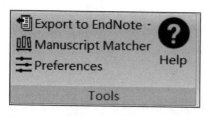

图 4-47　引文导出与插件属性设定功能

该部分功能主要为导出到 EndNote，包括导出漫游数据库（Export Traveling Library）、导出 Word 中的引文（Export Word Citation）、导出包含 Word 引文主列表的数据库（Word Export Word Master List）、除此之外还包括偏好设置（Preferences）和帮助功能。EndNotes 引文导出与插件属性设定功能如图 4-47 所示。

如图4-47所示，点击Preferences链接进入到"Cite While You Write Preferences"设置对话框，用户可以根据自己的喜好对其进行设置，如图4-48所示。

如图4-48，用户可以进行通用、命令快捷键、图表和应用设置，以方便用户使用。

本书只介绍EndNote20的一些最常用的功能，其实EndNote20功能很强大，还有许多高级功能对我们的工作非常有用。如Refrence菜单下的Web of Science下的View Source Record、View Related Record和Creat Citation Report功能等。这些功能有待有需求的用户积极探索使用，相关的使用方法需要参考其帮助和相关说明，在此不一一列举。

图4-48　边写边引设置对话框

小　结

随着研究的深入和研究领域的不断拓展，研究人员积累的文献和心得越来越多，科学地管理这些文献非常重要。作为管理类专业人员，在著书撰文时，经常会遇到下列现象：①参考了一些文献，但初稿出来后却忘记了哪些章节或哪些段落引用了哪些参考文献。②参考文献著录完毕后，突然发现稿件前边忘记插入一篇重要的参考文献，参考文献序号需依次调整。③阅读文献后，觉得有些文献似曾相识，运用桌面工具搜索，确实如此，浪费了大量时间。④有时灵光一闪，思如泉涌，打开Word，记下自己的一闪灵光，但是一段时间后查找困难。如何管理这些文献和心得，并可自动插入引文和更新引文，提高效率、缩短科研周期尤为重要，这就需要专业的文献管理工具。

练　习

1. 试说明文献采用文献管理工具管理文献的意义。
2. 请尝试利用EndNote新建数据库和文献数据库。
3. 请尝试在EndNote导入PDF文件，可以单一文件导入，也可以采用文件夹方式导入。
4. 练习中外文常用数据库的引文导入EndNote。
5. 练习EndNote的"边写边引"功能，直至熟练掌握。
6. 针对期刊参考文献，尝试将Vancouver样式修改为GB/T7714-2015格式。

5 管理类研究的常见方法

5.1 管理类研究方法内涵

随着企业所处各类环境的变化以及人们的消费观念的改变,管理学经过多年的发展已逐渐形成相对完整的学科体系,管理类研究与其他学科研究之间的边界越来越模糊。同时,管理类研究已成为一个纷繁复杂的综合体系,体现为与其他学科的交叉和融合。目前,常见的管理类研究方法的内涵体现在以下几个方面。

(1) 研究范式视角。 从研究范式视角来看,管理类研究方法分为 3 种研究范式。管理类研究的范式之一是哲学范式,它是形成管理理论、指导管理实践的根本方法,从最本质上揭示了管理类研究方法的特质。管理类研究的范式之二是通用研究方法,它是管理类学生和从业人员进行研究的基本思维原理和分析方法。管理类研究的范式之三是具体操作方法,这种范式属于工具运用范畴,它将管理类的研究特点和研究对象关联,是在方法论指导下的管理实践。

(2) 研究脉络视角。 从研究脉络视角来看,管理类研究方法分为 3 条研究线索。管理类研究的线索之一是科学的理性,通过管理实践总结管理原理和方法,被归为应用管理类研究方法。管理类研究的线索之二是人性假设,通过思辨的方法对管理类内在机理分析和探索,被归为理论管理类研究方法。管理类研究的线索之三是案例研究,采用经验分析方法,对具体的管理情境创设试验,被归为实验管理类研究方法。

(3) 研究时代视角。 从研究时代视角来看,管理类研究方法被归纳为科学管理时代的科学理性方法、社会人时代的社会分析方法、组织发展时代的系统分析方法、行为科学时代的人性假设方法、科学时代的文化分析方法、信息时代的有限理性方法、成果导向时代的经验主义方法。这些研究方法是根据管理思想演化过程中各个管理流派的特点提炼出来的,强调管理学家的思维过程和管理方法蕴含的哲学方法论。

5.2 管理类研究方法分类

管理类研究是建立在对研究对象具有一定认识的基础上,通过文献资料搜集、文献资料管理和文献资料梳理发掘研究机会,进而采用与其匹配的研究方法解决问题,最终实现价值的创造。因此,正确运用管理类研究方法可以深入研究管理现象,也可以更好地把握管理规律。严格来说,管理类研究并无定法,合适的方法才是最好的方法。目前,有关管理类研究方法的教材较多,总结起来有调查法、观察法、实验法、文献研究法、实证研究法、定量分析法、定性分析法、跨学科研究法、个案研究法、功能分析法、数量研究法、模拟法(模型方法)、探索性研究法、信息研究法、经验总结法、描述性研究法、数学方法、思维方法、系统科学方法等。现有教材没有形成统一的认识,本书作者对不同参考资料进行梳理,结合多年的科学研究实践,将其粗略地分为研究资料收集、定性分析和定量分析3种方法。其中,研究资料收集方法包括问卷调查法、专家访谈法、实地观察法、创设情境实验法和文献研究法等。定性分析方法包括归纳法、演绎法、经验总结法、历史研究法、比较研究法、理论研究法、案例研究法和其他定性分析方法。定量分析方法包括系统因素分析方法、系统聚类分析方法、不确定线性规划、系统评价与方案优选、系统效率测度和其他定量分析方法。其中,文献研究法包括知识图谱、关键词共现、社会网络分析等方法。

5.3 研究资料收集方法

一般而言,研究资料收集方法包括问卷调查法、田野调查、参与式观察法、行动研究方法、常人方法学分析、关键事件技术、深度访谈、焦点访谈、口述史访谈、行为事件访谈法、德尔菲法、共识性质性研究方法、创设情境实验法和文献研究法等。在这类方法中文献调研是基本方法,问卷调查与专家访谈方法、观察与试验方法则是辅助性方法,这些方法可以结合使用。本书对这几类方法进行简要介绍。

5.3.1 问卷调查方法

(1) 问卷类型与基本结构

管理类的研究对象是人类社会活动中普遍存在的一般原理和方法,因此需要调查研究大量的管理实践活动，从中加以总结和抽象，这就需要使用调查研究的方法。调查问卷是管理类研究中收集资料的一种常用工具，其主要形式是一份设计好的问题表格，其用途在于测量人们与管理有关的行为、态度和特征。调查问卷采用统一编排的方式制作，并由被调查者自选或自填回答，以此了解研究主题相关情况，这类方法称为问卷调查法。调查问卷按照调查的方式分为自填式和访问式两种。所谓自填式问卷是指通过现场发放、快递邮寄或报纸杂志刊登、发布到网站和社交媒体等方式将问卷送至被调查者手中，由被调查者自己填写。所谓访问式问卷是指通过当面调查、电话调查、网络视频或语音调查等方式把问卷逐个题目读给被调查者，并由调查者根据被调查者的回答填写。

调查问卷按照问题设置的方式分为"开放式问卷"和"封闭式问卷"。所谓开放式问卷指的是问卷只提出问题而不限定答案的选择范围，被调查者可以根据自己的实际情况回答问题，这样的答案大多只能用作定性分析。所谓封闭式问卷是指问卷不仅设计调查问题，而且对设计问题可供选择的答案作精心设计，被调查者只能在规定的答案范围内作答。封闭式问卷既方便被调查者回答，也方便统计分析。调查问卷按照问卷的结构分为无结构问卷和有结构问卷。所谓无结构问卷是指对问卷中所提问题没有在组织结构上严格设计和安排，只是围绕研究目的设计一些问题。所谓有结构问卷是根据研究目的和主题精心设计且有具体结构的问卷，有结构问卷中的问题一般都是封闭的，问题的设计和排列有严格的规定。

（2）问卷设计的主要步骤

问卷设计应该遵循一定的程序，这样才能最大程度地保证问卷的科学性，也能保证问卷具有较高的信度和效度。一般而言，问卷设计应分为以下几个环节。①细化过程。编制问卷的前提是要明确调查目的、调查对象和调查内容，这也是概念指标化的过程。这一过程将测量的主要概念具化为可以度量的指标，并明确度量指标与测量有关的概念。②明确调查内容。需要明确问卷调查信息，确定哪些信息可以通过问卷获得。对于那些不能通过问卷调查获得的信息需要通过什么方式获取。③明确现有条件。根据调查的现有条件确定调查所应采取的形式，以及所需投入的人力、财力和物力，也有利于合理安排和调度人员，提高信息收集的效率。④设计问卷中的问题。上述工作完成后，就可以根据所选择的问卷类型和调查方法设计问卷问题了。

（3）问卷设计的主要步骤

问卷设计是决定问卷调查成败的关键环节，问卷设计主要有以下两种方法可供选择和使用。①经验法。经验法主要围绕选题，就调查所需尽可能提出相关问题，并对已列出的问题通过自我发问使问题更为科学、全面和有针对性。经验法容易掌握，操作起来较为轻松，但是也容易遗漏一些问题。对于试调查而言，经验法较为合适。②规范法。规范法是指按照某种规范对研究课题层层分解，将其中的定义和变量逐步量化，确定概念维度、变量和问题的问卷设计方法。规范法与经验法相比，其优点在于它能够确保问卷设计的完备性。

（4）问卷的发放与回收

从问卷的载体出发可以将其分为"纸质问卷"和"电子问卷"两种，纸质问卷可以采取集中式发放、分散式发放和邮寄式发放，而电子问卷主要通过官方网站、社交媒体发放。对两类问卷的发放方式进行综合，形成以下几种途径。①入户调查。入户调查是指按照抽样原则到被调查者家中或工作单位对其进行调查，以从多个方面获取被调查者对于特定主题的一手资料的调查方式。②深度访问。深度访问是指一种无结构的、直接的、一对一的访问，深入了解被访者对某一主题的态度和感情。③小组座谈。小组座谈是问卷调查中非常实用和有效的定性调研方法，这种方法的价值在于可以从小组讨论中获得一些意想不到的发现。④电话访问。电话访问就是按照抽样原则选取特定的受访者，通过拨打电话的方式访问，在访问过程中记录答案。⑤网上调查。基于Web界面的跨平台应用为用户提供交互式、个性化的问卷调查服务。⑥社交媒体。通过各类社交媒体发布问卷，借助社交媒体还原场景提问和作答。⑦E-mail调查。通过E-mail方式将问卷发送给被调查者，被调查者完成后将结果通过E-mail返回。

5.3.2 专家访谈方法

（1）访谈的类型

根据提问方式的标准化程度，访谈可分为结构式、无结构式和半结构式。无结构式访谈对于如何提问事先没有统一的标准，只拟定一个粗线条的访问提纲。无结构最大的好处就是有利于适应千变万化的客观情况，这种方法所获得的资料主要是质的资料而不是量的资料，所以结果难以做量化分析。结构式访谈是按照事先设计好的问卷进行的一种高度控制的访谈，要求调查者以相同方式提问和记录。结构式访谈所获得的资料易于整理和比较，在整个过程都能够有效控制，具有较高的信度与效度。结构式访谈所涉及的面较为有限，如果设计不当就很难触及管理问题的本质，难以从综合性和多层次性两个维度分析问题，最终使研究很难达到其初衷。半结构式访谈是在结构式访谈的基础上设计一些开放性问题，这种方法可以弥补结构式与无结构式的一些不足，取长补短，是一种较理想的资料收集方法。

（2）访谈的具体程序

访谈程序分为访前准备、实施访谈和结束访谈3个阶段。①访前准备。根据研究目的确定访谈内容，选择访谈方法并且制定调查提纲和所需表格，确定合适的访谈对象，了解其基本情况，备齐访谈工具。选择适当的时间、地点和场合准备访谈。②实施访谈。通过正式渠道和社交渠道等增强被访谈对象的信任，有了信任才能相互合作，才能听到真心话，访谈的信度才高。访谈记录分为实时记录和事后记录两种，实时记录要征得受访者的同意，最好的方式是现场录音和录像（适用于情感研究）。事后记录必须在尽可能短的时间内追忆，以免忘记一些虽为细节却非常重要的问题。③结束访谈。在访谈结束前要确定问题是否问完、回答内容是否充分、是否有必要继续访谈。如果确定结束，应礼貌起身告辞。

(3) 访谈的技巧

访谈者常用的技巧包括如何提问、如何倾听、如何回应的语言技巧以及一些非语言技巧。一般来说，提问控制和表情控制是访谈控制最基本的两种手段。访谈的语言控制是如何提问，提问控制意味着访问员主导访谈方向，使话题始终紧靠主题。为此，提问控制需要遵循的法则是访问员以吃透调查目的为前提，一环套一环、循序渐进地提问。要考虑问题之间的逻辑关系，尽量保持问题的连续性。在访谈过程中，要让受访者打开心扉，访谈提问的方式很多，总括起来可以分为投石问路法、顺藤摸瓜法、顺水推舟法，甚至是开门见山法。总之，提问作为一种谈话艺术，没有一成不变的模式，访问员应该在综合考察各种因素的基础上，因地制宜地选择最恰当的提问方式，顺其自然、随机应变，以期取得良好的访谈效果。

5.3.3 观察与实验方法

(1) 观察的分类

现实生活中，观察的方法主要包括自然观察和试验观察两种。自然观察法是指在自然环境下观察被研究对象，试验观察法是对观察的情境作严格的人为控制。试验观察法适用于可以重复进行、多次再现的被研究对象。对于自然观察而言，可以将其分为无结构自然观察和有结构自然观察，无结构自然观察又被分为局外观察和参与式观察。有结构自然观察是指根据事先设计的提纲严格按照设计好的内容和计划进行观察。结构观察方法的特点是结构更为严谨，计划更为周密，观察更为标准。结构观察法缺乏弹性，容易影响观察的深度和广度。局外观察又称为旁观观察，观察者不介入被观察对象的生活，而是纯粹的旁观者。参与式观察则要求访谈者在进行研究时深入到被访谈者的生活或工作之中，在与被访谈者共同生活或工作时进行观察和研究。

(2) 实验的要素

实验是由实验者、实验对象和实验手段三个要素组成。实验者作为实验活动的主体，必须进行一系列操作活动，这些活动包括对实验变量的控制、借助感觉器官或测量工具在实验过程中获取信息等。实验对象是实验活动的客体。在社会研究中，实验对象首先是作为社会成员的人，是有思想、有意识、有主观能动作用的活生生的人。实验手段是联系实验者和实验对象的中介，具体包括刺激手段、观察手段、记录手段、存贮与重现手段、信息处理与分析手段等。实验手段的基本功能是实验者对实验对象施加影响以及检测、记录和分析实验结果。在实地实验中，前测与后测是判别因果联系必备的实验手段。实验的基本原理为首先实验者借助实验手段操纵、控制实验因素，刺激和作用于实验对象，然后通过实验手段测量和记录实验对象对实验刺激作出的反应，最后就因果假设作出分析判断。

（3）观察的具体步骤

观察的具体步骤包含以下几个方面。①确定观察目的、必要性和可行性。观察之前要确定观察目的，观察的实质是基于某种假设进行的，观察者试图通过观察来验证这种假设的正确性。观察的必要性就是要说明这种观察有助于解决哪些理论问题或实际问题。观察的可行性就是要说明这种观察需要哪些条件，自己是否具备这些条件。②确定观察项目。确定观察项目就是要确定需要了解被观察对象的哪些具体内容或哪些具体社会现象。③制订观察计划。观察计划是对观察的完整设计，包括观察的时间、地点、对象、方式和频率等。④为观察创造必要的条件。包括事先了解被观察对象的活动规律、准备观察所需要的仪器和设备、设计观察记录表格、进行观察设备调试、进行观察方法的培训等。⑤实施观察。依据观察目的，按照制订好的观察计划对观察对象进行观察，进而验证相关假设。⑥对观察的结果进行处理。实时记录观察结果，并在事后第一时间补充、修正记录，以尽可能地提高观察质量。⑦对观察结果进行分析。对观察结果进行分析，需要从多个视角，采用多种方法多次、反复地进行。⑧撰写观察报告。在观察报告中，要对观察计划中的各项内容予以说明，需要借助观察事实或数据说明观察理论假设是否得到了验证，需要说明观察中遇到的问题，也要说明观察的信度和效度，说明进一步研究可能的方向。

5.4 定性研究方法

管理类的定性研究方法包括归纳法、演绎法、经验总结法、比较研究法、理论研究法、案例研究法、扎根理论、共词分析法、文本分析法、知识图谱分析方法、系统动力学方法、社会网络分析等，由于篇幅有限选择其中较为常用的方法进行阐述。

5.4.1 比较研究法

(1) 比较研究法概念

比较研究是对两个或多个事件对比研究,通过对比发现二者的相同点与不同点,从而对研究对象的属性和特点具有比较清晰的认识。比较研究法的本质是根据一定的标准,对某种管理现象在不同情形下的不同表现进行比较研究,找出管理的普遍规律和一般原理,力求得到符合客观实际结论的方法。通常而言,比较研究应具备同一性、双(多)边性和可比性3个条件。比较研究还应具备两种以上事物,这些事物有共同基础和共同特征,使得这些事物具有可比性。麦肯锡的7S模型和波特的钻石模型是比较研究的典型理论。

(2) 比较研究法分类

比较研究法可以分为纵向比较、横向比较、同类比较、相异比较、定性比较和定量比较等。①纵向比较。纵向比较按时间序列的纵断面展开,是对同一事物的历史形态进行比较。②横向比较。横向比较是按空间结构的横断面展开,是对同时并存的事物进行比较。③同类比较。同类比较是对两类性质相同的事物所具有的特征加以比较,同类比较的本质就是要在比较中寻找事物的共同点。④相异比较。相异比较就是对两类性质相反的事物或一个事物的正反两方面加以比较,相异比较法能使得到的结果鲜明。⑤定性比较。定性比较是对两类事物所具有的属性本质进行比较,从而确定事物的性质。⑥定量比较。定量比较是对事物属性进行数量的分析,从而准确地判定事物的变化。

(3) 比较研究法的步骤

比较研究法的步骤分为以下四个环节。①明确比较主题。要将比较的问题放在一定的范围内,要明白比较什么问题。②提出比较标准。把比较对象的材料按可能比较的形式排列起来,抽象出比较标准。研究者根据比较的标准,不但使抽象的概念具体化,而且能利用各方比较的材料。③解释比较内容。对所比较的事实和数据进行充分研究,说明为什么这样,而不是那样,分析形成这一事实的原因。④得到比较结论。对比较对象的材料和情节进行全面分析研究,从而得出结论。

(4) 比较研究法使用要求

在实际研究中必须注意事物之间的可比性。有些事物有可比性,有些事物没有可比性,如果不是同一范畴、同一标准的材料,则不能比较。坚持可比性原则,这是运用比较研究法的基本原则。要科学地运用比较研究法,必须注意比较的广泛性。比较要从多个方面进行,制定几种不同的方案,从不同角度动态比较。要科学和合理地运用比较研究法,与现象比较相比更要重视本质比较。要做到比较事物的本质，必须要对比较的双方和多方进行一定的研究，通过现象认识本质。在管理实践中，要科学运用比较研究法，正确估计比较研究法的作用，把比较研究法和其他研究法相结合。

(5) 比较研究法使用局限

比较研究法有一定的研究范围，比较是有条件的，超出这个范围就无法比较。比较得出的结论只是相对而言的。任何比较都只是拿事物的一个方面或者几个方面比较，很难进行全面比较。

5.4.2 案例研究法

(1) 案例研究法简介

案例研究法是一种运用历史数据、档案材料、访谈以及观察等方法搜集数据，并运用相应技术对一个真实事件进行全面、系统地分析后得出带有普遍性结论的研究方法。案例研究法由于其研究结论更具现实有效性以及较易创造出新理论和验证理论等优点，被广泛应用于各种学科领域中。案例研究不是一种纯理论性研究，而是一种经验性研究，属于现象学的研究范畴，区别于实地研究与实验研究。案例研究的对象是社会经济现象中的事例证据及其变量之间的相互关系。案例研究是处理复杂问题的有力工具，能够帮助人们全面和系统地了解复杂的社会现象，从而弥补单纯依靠统计数据进行决策的不足。

(2) 案例研究设计的类型

按照在实际研究中所运用案例数量的不同，可以将案例研究分为单案例研究和多案例研究。单案例研究具有调查质量高、调查结果深入、调查对象少以及节省人力、物力和经费等优点。同时，单案例研究对调查人员的要求较高，一般需要经过专门的调查训练后才能担当调查工作。单案例研究一般应用于以下几种情况。①一个案例可以代表关键案例测试理论时。②一个案例可以代表一种极端或独特的案例时。③通过研究此案例可以加深对同类事件的理解时。④研究此案例可以为后续研究带来启示时。⑤研究纵向案例在不同时间节点进行比较时。相对于单案例而言，多案例研究能够更好、更全面地反映案例背景的不同方面，从而大大提高案例研究的有效性。多案例研究分为案例内研究和跨案例研究两个阶段。案例内研究是指将一个单独的案例或某一个主题作为独立的整体进行深入细致的剖析。跨案例分析是指在案例内分析研究的基础上，对所有的案例进一步归纳和总结，得出全面系统的研究结论。虽然多案例研究相比单案例研究得出的证据更有说服力，但是在多案例研究的过程中需要花费更多的人力、物力和财力。因此，在选择进行单案例研究还是多案例研究时需要根据具体的研究要求和资源状况进行合理的选择。

从案例研究的全局性和局部性划分，可以将案例研究分为整体性案例研究和嵌入性案例研究。整体性案例研究是针对某一特定的地区、时期或类型的所有案例进行深入、系统的研究，并通过研究发现该问题的变化轨迹和发展规律。嵌入性案例研究主要是指对包含一个以上的多个次级分析单位的案例进行次级分析单位考察，从而获得该案例的次级分析单位的一些规律和特点的方法。整体性和嵌入性案例研究因研究侧重点不同而各有利弊，整体性研究虽然可以获得案例的整体情况，但容易使案例缺乏明确、具体的证据或指标而流于抽象化；嵌入性研究虽然可以对某个次级分析单位获得较深入的研究，但由于使研究者将更多的精力集中于次级分析单位而导致分析未能回到主体部分，使案例研究在全面性方面有所缺失。

(3) 案例设计的五个要素

案例研究作为一种定性研究方法有其特定的研究设计思路。就其本质意义来说，研究设计是指用实证数据把需要研究的问题和最终结论连接起来的逻辑关系。总体来说，一个完整的案例研究设计应该包括以下五个要素。①研究问题。尽管研究问题的实质各不相同，但研究问题的形式却只有"什么人""什么事""在哪里""怎么样"以及"为什么"几种类型。案例研究最适合回答"怎么样"和"为什么"等问题。因此，进行案例设计时应对所要研究问题的性质进行准确地分析和界定。②研究假设。研究假设提出研究问题，只有明确提出某种具体的研究假设后，研究才会有的放矢。③分析单位。社会研究的分析单位一般包括个人、群体、组织、社区以及社会产物五个方面的内容。④连接数据与假设的逻辑。其逻辑有多种形式，但尚没有明确的界定。其中被广泛接受的方法是 Donald Campbell 所述的"模式匹配"，借助这种方法，同一个案例的几组信息可以共同形成某种理论假设。⑤解释研究结果的标准。指研究结果是否合理的判断标准。在案例研究中，很难精确设定解释这类研究结果的标准。人们一般通过对不同模式之间的对比得到较好的那个。

(4) 研究设计质量的衡量标准

案例研究的设计质量标准我们可以从建构效度、内在效度、外在效度以及信度四个方面进行衡量。①建构效度。建构效度也叫构念效度，是对所要研究的概念形成一套正确的、可操作性的测量方法，建构效度多用于多重指标的测量。②内在效度。内在效度是反映因变量与自变量因果关系的程度，它表明因变量的变化在多大程度上来自于自变量的变化，即有效性。③外在效度。外在效度是指案例研究的成果是否可以归纳成理论，并具有推广性，是否可以将其研究成果应用到其他案例中。如果案例研究具有外在效度，就说明其结果可以推广到其他案例研究中；案例研究的结果如果没有外在效度，则说明其研究结果不具有普适性，不能进行推广。④信度。信度是指案例研究的结果具有一致性、稳定性及可靠性的程度，信度越高表明该案例的研究结果越一致、越稳定并且可靠,即案例研究的每个步骤都具有可重复性,且重复研究的结果具有很好的一致性。

(5) 案例研究的步骤

一个完整的案例研究过程应该包括以下八个方面。①定义问题。研究者在一开始就要准确地确定所要研究问题的本质是什么,并对研究问题进行界定,从而为下一步的研究确定方向并做好准备。②文献分析。文献分析法主要指搜集、鉴别、整理文献,使得文献条理化和系统化,并通过对文献的研究,获得反映事物内在规律的一些综合性资料,从而形成对事实的科学认识。③建立研究架构与命题。对研究问题进行相关的理论综述后,研究人员应该建立起研究框架,并在此基础上进一步提出理论命题或研究视角。研究者需要针对研究中的主要变量及变量之间的关系,提出本案例研究的理论假设。④选择案例。案例的选择是案例研究的核心和基础,只有对研究问题进行深入分析和梳理后,才能结合研究框架和命题来选择适宜分析的案例。⑤深入访谈。深入访谈通过直接的、单独的访问来了解研究对象的经历、态度和行为等,以探求某一特定问题产生的原因。⑥数据搜集及分析。案例中的数据主要是指通过对访谈内容进行记录、研究者观察感受以及企业愿意提供的文件等获得信息,将这些信息聚合后,将与案例分析相关的信息分离出来,再试着描述一个整体性的情景状态。⑦资料分析、验证与修订理论。根据上面的资料分析为解释或解决问题提供一个答案,并提供充足的证据和必要的数据对其进行验证。⑧得出结论与建议。案例研究的结论是通过理论归纳得到的,用逻辑讨论代替统计相关是案例研究结果的重要组成部分。

(6) 案例研究的结论

研究结论的共性越高,说明研究结论的应用及意义越重要,这样具有普遍性规律认识的研究结论就可以被很好地应用到其他场合中并得到进一步的推广和普及。为了使研究结论具有广泛的一般性,案例的选择至关重要,我们要选取具有共性的能反映一般规律的案例作为研究对象并遵循资料搜集方法上的一些细节要求。案例研究结果之所以可以一般性推广,主要在于将其用于探索或描述原因或关系的"存在性"时具有很好的验证作用。要通过案例得出归纳性的结论或预测未来时,研究者必须对这一事件所涉及的各部分的相互依赖关系以及这些关系发生的方式进行深入的研究。只有这样,案例研究结论所揭示出来的规律才有可能被运用于更广泛、具有相似性的群体中。任何一种研究方法都不是十全十美的,案例研究也不例外。案例研究方法的局限性主要表现在研究结果的推广性差以及研究方法的有效性不高这两个方面。案例研究一般是指用一个特定事例或一组特定的情境验证某些假定理论的关键概念。然而,由于管理实践的复杂性,用个别事例或情境来说明和反映出来的理论未必能够具有普遍的规律性。案例研究因此常受到科学性的质疑，被批评为难以量化、缺乏客观性和严密性，通过个案研究难以取得普遍适用的并为多数管理研究者认可的研究结论。

5.4.3 扎根理论

(1) 扎根理论简介

扎根理论（Ground Theory），又称为根基理论，也被翻译为基本理论、草根理论、实基理论、植基理论和立基埋论，是质性研究方法之一。1967 年，美国社会学家 Glaser 和 Strauss 在《在扎根理论的发现》一书中指出其本质是要从数据中发掘理论。1987 年，Strauss 在其书中将扎根理论定义为一种在质化资料的基础上发展理论的方法。1990 年，Strauss 与 Corbin 在其所著的书中认为扎根理论是利用归纳的方式，对现象加以分析整理所得的结果。综合上述，扎根理论是为了回答在社会科学研究中，如何系统性地获得与分析资料以发现理论这一问题。扎根理论是从现象中系统收集资料、分析资料、发现和发展理论的方法。扎根理论在研究设计与资料搜集方式上采用质性手段，而在资料分解、分析过程中吸纳量化分析手段。在定性研究中，扎根理论适用于进行理论构建，被广泛应用于管理类领域。

(2) 扎根理论三大学派

迄今为止，扎根理论已形成了三个流派，分别是 Glaser 的经典扎根理论、Strauss 和 Corbin 提出的程序化扎根理论，以及 Charmaz 提出的建构扎根理论。其共同点为归纳性的质化研究方法，三种方法的共同点是要在经验资料的基础上建立理论。①经典扎根理论编码过程包括实质性编码和理论性编码。实质性编码指的是反映被研究的实质研究领域中的一个理论的范畴及其特征，包括开放式编码和选择性编码，它们被用于构造概念化理论间自然呈现的结构，是概念化实质性编码之间隐性的相互关系，可以作为相互连接多变量的假设，它们是自然呈现的，穿插于破碎的事件之间，形成概念，然后形成一个完整的理论。②程序化扎根理论编码分为开放式编码、主轴编码和选择性编码。有学者认为其过于程序化而不利于发现更为丰富的理论形态。③建构主义扎根理论强调研究者对资料提问的能力，需要与被研究者发生互动关系，对其行为意义进行解释。

(3) 扎根理论的研究方法

扎根理论从其诞生之初就是供学者们进行实践研究的工具，只有越来越多的人使用才能凸显其价值，也只有在实践中被广泛运用才能得到发展。在扎根理论的实际研究中，学者们对扎根理论进行改进，目的在于帮助研究者进行有效沟通，而不是强调各学派间的独特性，产生方法论边界。如果使本该大量运用该工具并从中对其进行改进和发展的学者们陷入学派之争，那么只会阻碍其发展和传播，愈发加深学界对扎根理论的误解。扎根理论的主要理念是在逻辑一致的基础上收集资料、分析资料，旨在形成理论，其研究方法流程如图5-1所示。

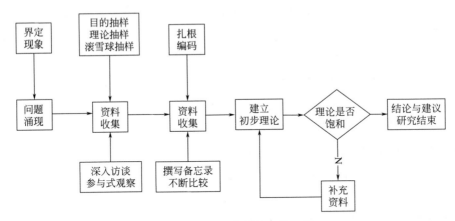

图 5-1 扎根理论研究方法流程

如图5-1所示，资料收集和分析是同步进行的。由于其主要宗旨是构建理论，它强调研究者对理论保持高度的敏感性。扎根理论不同学派之间应当求同存异，求同是指在秉承扎根精神的基础上交流互动，求异是指具体的研究方法和技术可以根据不同研究领域、研究问题和研究情境而灵活把握。

（4）扎根理论方法流程

① 资料收集。资料收集包括资料抽样和资料获取。资料抽样分为目的抽样、理论抽样和滚雪球抽样。目的抽样是根据研究目的选出访谈对象，抽样时需要考虑访谈对象的年龄、性别、患病情况、是否需要人照顾等。理论抽样是以一种已经被证明或形成中的理论所具有的相关联的概念为基础所做的抽样，强调边收集边编码和边进行分析，在逐步形成概念的过程中，根据概念化程度调整抽样重点，从而决定下一步抽样的对象，以及从哪里可以获得样本。理论抽样重视的是数据的丰富性而不是数量的多少。滚雪球抽样是指在访谈过程中请受访者提供一些他们熟知的符合研究目的的访谈对象。

② 资料分析。资料获取可采用深入访谈和参与式观察两种方式。深入访谈是一种主要通过与受访者的正式交谈而获取资料的方法，是对具体问题或经验的深入探究。参与式观察是指作为研究者，应该深入到研究参与者的生活世界中，才能真正了解现象或行动的意义。参与式观察并不是一种单一的研究方法，而是一种搜集与分析研究素材的路径。参与式观察也是研究搜集资料的一个主要方法。一般而言，资料分析有两种方法。一种是Glaser的传统扎根理论资料分析策略，即开放

式编码、选择式编码和理论性编码。另一种是 Strauss 与 Corbin 的扎根理论资料分析策略,即开放式编码、主轴式编码和选择式编码,该种编码方式首先将资料打散分解,命名原始代码,然后将现象概念化,再将概念抽象、提升、综合为范畴及核心范畴。打碎资料的过程是先将收集到的资料打散,然后通过定义现象来分类,对现象不断进行比较以归纳出能够描述现象的概念,再将归纳出的概念进一步范畴化,包括逐行编码、概念化、范畴化三个步骤。恢复打碎资料的过程,又称轴心编码,是寻找范畴之间以及范畴和概念之间的相关关系,然后发展出一个主轴范畴,并对这一主轴范畴进行深度分析。析出核心范畴的过程,又称核心编码,指在已发现的概念范畴中经过系统分析选择一个"核心范畴",从而将分析集中到那些与该核心范畴有关的代码、概念和范畴之间。

③ 编码方法。开放式编码首先要进行逐行编码,然后对资料中出现的现象、记录的事件、行动和意义等进行命名,形成代码。其次是概念化,就是凝练出最重要的或出现最频繁的代码,将代码转化为概念。再次是范畴化,是通过不断比较的方法把凝练、归纳出的概念进行归类、抽象、提升和综合从而形成范畴。开放式编码过程中研究者需不断提出问题,如所收集到的数据是关于什么的研究、这个事件所指出的是哪一个范畴、这个事件所指出的是正在形成的理论中的哪一个部分的哪一个范畴的特征、数据中真实发生的是什么、什么代表了基本问题和过程等。主轴式编码的主要任务是建立概念和范畴之间的联系,分辨出主范畴,通过主范畴把握事件发展的脉络,回答关于"何时、何地、谁、怎样、结果如何、为什么"这样的问题。选择性编码是指核心类属必须在所有类属中占据中心位置,比其他所有类属都更加集中,与最大数量的类属之间存在意义关联。核心类属必须频繁地出现在资料中,表现的是一个在资料中反复出现的、比较稳定的现象。核心类属应该很容易地与其他类属发生关联。核心类属很容易发展成为一个更具有概括性的理论。随着核心类属被分析出来,理论便自然而然地往前发展出来了。

④ 撰写和分析备忘录。撰写备忘录是指除了真正的田野笔记、转录或编码以外的,研究者撰写的任何与研究有关的材料,还包括研究者对于方法论问题、伦理问题、感受和行为反应或者其他任何问题的反思。撰写备忘录是指针对分析而写的记录,其实质是研究者思考、追忆研究的过程,从研究者搜集资料一直持续到研究结束。整理备忘录是扎根理论研究程序中一个必要的步骤。整理指的是思想的整理,是概念化的整理,而不是数据的整理。在这个过程中,零碎的数据得到重建,通过备忘录的收集从而形成理论大纲,同时也为下一步写作做了准备。

⑤ 不断比较。不断比较是扎根理论的主要分析思路,指资料和资料、资料和类属、类属与类属、结构与结构、理论和理论之间不断地进行对比。其过程分为 4

个步骤，依次为事件与事件、概念与更多事件、概念与概念、外部比较。事件与事件的比较可以在行句间编码时进行；当一个概念已经形成，它会和更多的事件进行比较，以便让这个正在形成的概念饱和；然后概念和概念之间进行互相比较，以形成一个更加抽象的概念；当一个概念已经达到了它的理论性完整，它可以和文献或个人经验进行比较。

⑥ 形成理论。利用 MindManger 等思维导图软件或者 Nvivo 质性分析软件实现编码，在编码过程中通过不断比较和分析，使主范畴趋于饱和，这样形成认知地图，再进一步精简认知地图形成理论模型。

5.5 定量分析方法

定量方法包括主成分分析法、系统因素分析方法、系统聚类分析方法、不确定线性规划、系统评价与方案优选、系统效率测度和其他定量分析方法，由于篇幅有限本书对常用的几种定量方法进行讲解。

5.5.1 层次分析法

20 世纪 70 年代，层次分析法（Analytic Hierarchy Process，AHP）在第一届国际数学建模会议上首次被美国运筹学家萨蒂提出。1982 年，层次分析法被引入中国，并逐渐被运用于经济计划、行为科学、能源分析和成果评价等诸多领域。层次分析法适用于多目标、多层次复杂系统问题和难以完全定量分析与决策的系统工程评价与决策问题。层次分析法经过多年发展，逐渐衍生出改进层次分析法、模糊层次分析法和灰色层次分析法等。层次分析法可以将人们的主观判断用数量形式予以表达和处理，是一种定性和定量相结合的分析方法，已被广泛应用于不同产业或不同领域的多目标、多层次系统评价。层次分析法求解流程为：建立层次结构分析模型→构造判断矩阵→层次单排序及其一致性检验→层次总排序→层次总排序的一致性检验。层次分析法的应用要清楚问题的背景和前提条件，以及要达到的目标、涉及的因素和解决问题的途径和方案。由此，需要对研究问题概念化，明确概念之间的逻辑关系，然后建立判断矩阵并进行排序计算，最后得到满意结果。

（1）问题举例

某企业通过 A 措施获得了一大笔利润，企业领导班子组织全体领导班子会议讨论如何利用，最后形成了 S_1、S_2、S_3、S_4、S_5 五种使用意向。这五种使用意向均代表了职工利益的某一个方面，但究竟该采取哪一种方案才能实现利益最大化，这是目前企业需要决策的问题。

(2) 建立层次结构分析模型

在对上面问题深入分析后,按照层次分析法求解流程将例题包含的因素划分为目标层、准则层、指标层、方案层和措施层。在问题的实际求解中,可以采用框图方式说明层次的递进结构与因素之间的从属关系。如果某个层次所包含的因素较多,则可以将其进一步划分为若干个子层次。经过对上述例题分析后,将上面提到的五种使用意向归结为三个方面的准则,即 B_1、B_2 和 B_3。这三个准则都是以合理使用企业利润促进企业发展为目的。因此,整个层次结构分析模型可以分成最高层、中间层和最低层。最高层为目的层,就是要合理使用这笔利润,促进企业发展。中间层为企业这笔利润的各种使用意向所应当考虑的准则,即 B_1、B_2、B_3 三个准则。最低层为这笔利润的五种使用意向,即选择最优方案。这种层次结构分析模型可用 Yaahp10.3 软件绘制,如图 5-2 所示。

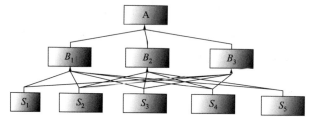

图 5-2　层次结构分析模型

(3) 构造判断矩阵

层次分析法采用 9 个重要级别表示判断结果,这 9 个级别又分别用 1～9 的整数和其倒数表示,各因素之间进行两两比较得到量化的判断矩阵。层次分析法 9 个重要级别及其倒数形成元素重要程度度量表如表 5-1 所示。

表 5-1　元素重要程度度量表

标度	含义
1	表示两个因素相比,具有同样的重要性
3	表示两个因素相比,一个比另一个稍微重要
5	表示两个因素相比,一个比另一个明显重要
7	表示两个因素相比,一个比另一个强烈重要
9	表示两个因素相比,一个比另一个极端重要
2,4,6,8	表示上述两个相邻判断的中值
倒数	若因素 i 与 j 比较得判断 B_{ij},则因素 j 与 i 比较的判断为 $B_{ji}=1/B_{ij}$

根据上面的实例,假定企业根据实际情况构造的数值判断矩阵如下。

① 根据合理使用这笔利润、促进企业发展的总目标,B_1、B_2 和 B_3 准则间相对重要性比较形成判断矩阵,如式(5-1)所示。

$$\begin{array}{c} \quad B_1 \quad B_2 \quad B_3 \\ \begin{array}{c} B_1 \\ B_2 \\ B_3 \end{array} \begin{bmatrix} 1 & 1/5 & 1/3 \\ 5 & 1 & 3 \\ 3 & 1/3 & 1 \end{bmatrix} \end{array} \tag{5-1}$$

式(5-1)矩阵中的数值为三个准则相对于利润使用总体目标重要性比较的数值判断。例如第二行第一列元素 $B_{21}=5$ 表示相对于利润和促进企业发展而言,准则 B_2 与准则 B_1 相比,B_2 比 B_1 明显重要,其余类推。

② 相对于准则 B_1,方案 S_1、S_2、S_3、S_4 和 S_5 之间相对重要性比较,形成判断矩阵 B_1—S,如式(5-2)所示。

$$A = \begin{array}{c} S_1 \\ S_2 \\ S_3 \\ S_4 \\ S_5 \end{array} \begin{bmatrix} 1 & 2 & 3 & 4 & 7 \\ 1/2 & 1 & 3 & 2 & 5 \\ 1/3 & 1/3 & 1 & 1/2 & 1 \\ 1/4 & 1/2 & 2 & 1 & 3 \\ 1/7 & 1/5 & 1 & 1/3 & 1 \end{bmatrix} \tag{5-2}$$

③ 相对于准则 B_2,方案 S_1、S_2、S_3、S_4 和 S_5 之间相对重要性比较,形成判断矩阵 B_2—S,如式(5-3)所示。

$$A = \begin{array}{c} S_2 \\ S_3 \\ S_4 \\ S_5 \end{array} \begin{bmatrix} 1 & 1/7 & 1/3 & 1/5 \\ 7 & 1 & 5 & 3 \\ 3 & 1/5 & 1 & 1/3 \\ 5 & 1/3 & 3 & 1 \end{bmatrix} \tag{5-3}$$

④ 相对于准则 B_3,方案 S_1、S_2、S_3、S_4 和 S_5 之间相对重要性比较,形成判断矩阵 B_3—S,如式(5-4)所示。

$$A = \begin{array}{c} S_1 \\ S_2 \\ S_3 \\ S_4 \end{array} \begin{bmatrix} 1 & 1 & 3 & 3 \\ 1 & 1 & 3 & 3 \\ 1/3 & 1/3 & 1 & 1 \\ 1/3 & 1/3 & 1 & 1 \end{bmatrix} \tag{5-4}$$

(4) 层次单排序及其一致性检验

所谓单排序是指本层各因素对上层某一因素的重要性次序。它由判断矩阵的特征向量表示。例如,判断矩阵 A 的特征问题 $W \cdot A = \lambda_{\max} \cdot W$ 的解 W,经规一化后即为同一层次相应因素对于上一层某因素相对重要性的排序权值,这一过程就称为层次单排序。为保证层次单排序的可信性，需要对判断矩阵一致性进行检验，亦即要计算随机一致性比率，如式(5-5)所示。

$$CR = \frac{\lambda_{\max} - n}{RI(n-1)} \tag{5-5}$$

其中 $\lambda_{\max}$ 为判断矩阵的最大特征根，n 是判断矩阵的阶数，RI 为平均随机一致性指标，通常可查表 5-2。

表 5-2　随机一致性指标 RI 的数值

判断矩阵阶数	1	2	3	4	5	6	7	8	9	10
RI	0	0	0.58	0.9	1.12	1.24	1.32	1.41	1.45	1.49

只有 $CR<0.1$ 时，层次单排序的结果才被认为是满意的，否则需要调整判断矩阵元素的取值。

对于上述实例而言，判断矩阵 A-B 相对重要性权值 W、$\lambda_{\max}$ 及 CR 为式(5-6)。

$$W = \begin{bmatrix} 0.105 \\ 0.637 \\ 0.258 \end{bmatrix}, \quad \lambda_{\max} = 3.038, \quad CR = 0.033 \tag{5-6}$$

判断矩阵 B_1-S 相对重要性权值 W、$\lambda_{\max}$ 及 CR 为式(5-7)。

$$W = \begin{bmatrix} 0.432 \\ 0.264 \\ 0.089 \\ 0.146 \\ 0.061 \end{bmatrix}, \quad \lambda_{\max} = 5.127, \quad CR = 0.029 \tag{5-7}$$

判断矩阵 B_2-S 相对重要性权值 W、$\lambda_{\max}$ 及 CR 为式(5-8)。

$$W = \begin{bmatrix} 0.055 \\ 0.565 \\ 0.118 \\ 0.262 \end{bmatrix}, \quad \lambda_{\max} = 4.117, \quad CR = 0.043 \tag{5-8}$$

判断矩阵 B_3-S 相对重要性权值 W、$\lambda_{\max}$ 及 CR 为式(5-9)。

$$W = \begin{bmatrix} 0.375 \\ 0.375 \\ 0.125 \\ 0.125 \end{bmatrix}, \quad \lambda_{\max} = 4, \quad CR = 0 \tag{5-9}$$

显然，根据 CR 值可知例题符合一致性检验要求。

(5) 层次总排序

本例中，企业这笔利润的五种使用意向相对于合理使用利润、促进企业发展的总目标的层次总排序计算如表 5-3 所示。

表 5-3　层次排序计算表

层次 S 对层次 B 的排序 \ 层次 B 对层次 A 的排序	B_2	B_3	B_1	S 层次总排序权重	S 层次序号
S_3	0.565	0.125	0.089	$W_3 = 0.402$	1
S_5	0.262	0	0.061	$W_5 = 0.173$	2
S_2	0.055	0.375	0.264	$W_2 = 0.159$	3
S_1	0	0.375	0.439	$W_1 = 0.143$	4
S_4	0.118	0.125	0.146	$W_4 = 0.123$	5
B 层次总排序权重	0.637	0.258	0.105	1	—
B 层次序号	1	2	3	—	—

在表 5-3 中，按照式(5-6)，依据其数值的大小将 B 排序为 B_2、B_3、B_1，按照式(5-6) 到式(5-9) 中 S 数值的大小，将 S 排序为 S_3、S_5、S_2、S_1、S_4。由此，可以计算 S_1 的权重，$W_1 = 0 \times 0.637 + 0.375 \times 0.258 + 0.439 \times 0.105 = 0.132$，$S_2$、$S_3$、$S_4$、$S_5$ 的权重计算可以参照 S_1 权重计算的方法进行。

(6) 层次总排序的一致性检验

层次排序分为层次单排序和层次总排序。所谓层次单排序，指对于上一层某因素而言，本层次各因素的重要性的排序。所谓层次总排序，是指确定某层所有因素总目标相对重要性的排序权值过程。与层次单排序的一致性检验一样，这一步也是从高到低逐层进行的。假设 D 层和 E 层是其中的两个层次，且 D 层次在 E 层次之上。如果 E 层某些因素对于 D 层某一因素得一致性指标，如式 5-10 所示。

$$CI_j = \frac{\lambda_{\max} - n}{n - 1} \tag{5-10}$$

相应的平均随机一致性指标为 RI_j，D 层第 j 个元素的总排序权值为 d_j（$j = 1, \cdots, m$；m 为 D 层元素个数），则 E 层总排序一致性比率如式(5-11) 所示。

$$CR = \frac{\sum_{j=1}^{m} d_j CI_j}{\sum_{j=1}^{m} d_j RI_j} \tag{5-11}$$

当 $CR < 0.1$ 时，认为层次总排序结果具有满意的一致性；否则需要重新调整判断矩阵的元素取值。对于该实例而言，通过计算得 $CR = 0.0303 < 0.1$，因此决策结果是可信的，即最优方案为方案 S_3。

5.5.2 灰色关联分析法

20世纪80年代，灰色系统方法由邓聚龙教授提出并被成功地应用于许多领域。灰色关联分析是按事物发展趋势进行分析，因此对样本量的多少没有过多的要求，也不需要样本具有典型的分布规律，而且计算量较小。灰色关联分析作为一种因素辨识和解析的工具，是非常典型的系统分析方法。最初的关联分析模型是先计算各点的关联系数，然后采用算术平均方法计算各子因素相对于母因素的关联度。后来为了刻画不同点关联系数的重要程度，又提出了加权灰色关联分析方法。灰色关联分析是一种因素分析方法，可以对商业系统和经济系统等抽象系统中包含的因素进行按需分析。

(1) 一般的加权灰色关联分析

假设某个系统的母因素为 $Y_j=\{y_j\}(j=1,2,\cdots,n)$，而子因素有 m 个，分别记为 $X_i=\{x_i\}(i=1,2,\cdots,m)$。假设已经得到同样具有 m 个子因素的 n 个点，母因素 Y_j 和子因素 X_i 的观测数据值 x_{ij} 如式(5-12)所示。

$$\begin{matrix} x_{11} & x_{12} & \cdots & x_{1n} \\ x_{21} & x_{22} & \cdots & x_{2n} \\ \cdots & \cdots & \cdots & \\ x_{m1} & x_{m2} & & x_{mn} \\ y_1 & y_2 & \cdots & y_n \end{matrix} \quad (5\text{-}12)$$

将以上数据重新处理，并引入新的记号，表示为式(5-13)。

$$x_1^{(0)}(k)=\frac{x_{1k}}{\bar{x}_1}, k=1,2,\cdots,n$$

$$x_2^{(0)}(k)=\frac{x_{2k}}{\bar{x}_2}, k=1,2,\cdots,n$$

$$\cdots \cdots \cdots$$

$$x_m^{(0)}(k)=\frac{x_{mk}}{\bar{x}_m}, k=1,2,\cdots,n \quad (5\text{-}13)$$

其中 X_i 的平均值为第 i 个子因素 n 个观测数据的平均值。

于是得到 m 个序列，如式(5-14)所示。

$$X_1=\{x_1^{(0)}(1),x_1^{(0)}(2),\cdots,x_1^{(0)}(n)\}$$

$$X_2=\{x_2^{(0)}(1),x_2^{(0)}(2),\cdots,x_2^{(0)}(n)\}$$

$$\cdots \cdots \cdots$$

$$X_m=\{x_m^{(0)}(1),x_m^{(0)}(2),\cdots,x_m^{(0)}(n)\} \quad (5\text{-}14)$$

这一过程称为数据的均值化。由于实际数据中，不同因素的数据常具有不同的量纲，为对它们进行比较和分析，应通过数据均值化消除量纲的影响。

同样，对母因素 Y 的 n 个数据也需要均值化，可得一个序列记为式(5-15)。

$$X_0 = \{x_0^{(0)}(1), x_0^{(0)}(2), \cdots, x_0^{(0)}(n)\} \tag{5-15}$$

其中

$$x_0^{(0)}(k) = y_k / \overline{Y}, k=1,2,\cdots,n$$

$\overline{Y}$ 为母因素 n 个观测数据的平均值。

令 $M=\{1,2,\cdots,m\}$ $N=\{1,2,\cdots,n\}$ 记作式(5-16)。

$$\Delta_1 = \min_{i \in M} \{\min_{k \in N} |x_0^{(0)}(k) - x_i^{(0)}(k)|\}$$

$$\Delta_2 = \max_{i \in M} \{\max_{k \in N} |x_0^{(0)}(k) - x_i^{(0)}(k)|\}$$

$$\Delta_3 = |x_0^{(0)}(k) - x_i^{(0)}(k)|$$

$$d_{0i}(k) = \frac{\Delta_1 + \lambda \Delta_2}{\Delta_3 + \lambda \Delta_2}, k=1,2,\cdots,n \tag{5-16}$$

式中，$d_{0i}(k)$ 是第 k 个点的子因素 X_i 与母因素 X_0 的相对差值。当绝对差值 Δ_3 越大时，$d_{0i}(k)$ 越小；反之 $d_{0i}(k)$ 越大。因此，$d_{0i}(k)$ 的大小描述了 X_i 对 X_0 的影响程度，称之为 X_i 与 X_0 在 k 处的点关联度。式中 λ 为分辨系数，一般在 0 与 1 之间选取，常取 $\lambda=0.5$。

为求总的关联度，需要考虑不同的观测点在总体观测中的重要性程度。假定已经给出各点的权系数向量为 $w=(w_1, w_2, \cdots, w_n)$。

满足 $w_k \geqslant 0, k \in N, \sum_{k=1}^{n} w_k = 1$，则令 $r_{0i} = \sum_{k=1}^{n} w_k d_{0i}(k), i \in M$

即为子因素 X_i 对 X_0 的关联度，它反映了因素之间关系的密切程度。于是将关联度按大小排列就可以看出子因素对母因素的影响程度。

如果 $w_k = 1/n$，则关联度就是点关联度的算术平均值。

(2) 一般的加权灰色关联实例

假设 2022 年内蒙古自治区呼和浩特市 A、B、C、D、E 五个行业的人均生产总值为 Y_1（单位：千元），五个行业的高级工程师人数为 Y_2（单位：人），五个行业的博士人数为 X_1（单位：人），五个行业人工智能投入的各自比重为 X_2（单位：%），统计数据如式(5-17)所示。请尝试用灰色关联分析法分析和比较 X_2 对 Y_1 的影响和 X_1 对 Y_1 的影响，再请尝试分析和比较 X_1 对 Y_2 的影响和 X_2 对 Y_2 的影响。

$$Y_1 = (44, 65, 64, 43, 40)$$
$$Y_2 = (1007, 292, 306, 118, 80)$$
$$X_1 = (219, 103, 103, 99, 85) \quad (5\text{-}17)$$
$$X_2 = (26, 18, 21, 17, 14)$$

试分别以 Y_1、Y_2 为系统特征行为数据序列，X_1、X_2 为相关因素序列，计算灰色关联度。

解：

① 先计算 Y_1 与 X_1、X_2 的关联度。

第 1 步求初值像。

根据公式 $Y_1' = Y_1 / y_1(1) = (y_1'(1), y_1'(2), y_1'(3), y_1'(4), y_1'(5))$

得到 $Y_1' = (1, 1.48, 1.45, 0.98, 0.91)$

再根据公式 $X_i' = X_i / x_i(1) = (x_i'(1), x_i'(2), x_i'(3), x_i'(4), x_i'(5))$

可得 $X_1' = (1, 0.47, 0.47, 0.45, 0.39)$

$X_2' = (1, 0.69, 0.81, 0.65, 0.54)$

第 2 步求差序列。

根据公式 $\Delta_{1i}(k) = |y_1'(k) - x_i'(k)| \ (i=2)$

可得 $\Delta_{11} = (0, 1.01, 0.98, 0.53, 0.52)$

$\Delta_{12} = (0, 0.79, 0.64, 0.33, 0.37)$

第 3 步求两极差。

$$M = \max_i \max_k \Delta_{1i}(k) = 1.01$$
$$m = \min_i \min_k \Delta_{1i}(k) = 0$$

第 4 步求关联系数。取 $\lambda = 0.5$，

有 $\gamma_{1i} = \dfrac{0.505}{\Delta_{1i}(k) + 0.505}$，$i = 1, 2; k = 1, 2, 3, 4, 5$

从而 $\gamma_{11}(1) = 1, \gamma_{11}(2) = 0.333, \gamma_{11}(3) = 0.340, \gamma_{11}(4) = 0.488, \gamma_{11}(5) = 0.493$

$\gamma_{12}(1) = 1, \gamma_{12}(2) = 0.390, \gamma_{12}(3) = 0.441, \gamma_{12}(4) = 0.605, \gamma_{12}(5) = 0.577$

第 5 步计算 Y_1 与 X_1 和 X_2 的灰色关联度。

$$\gamma_{11} = \frac{1}{5} \sum_{k=1}^{5} \gamma_{11}(k) = 0.531$$

$$\gamma_{12} = \frac{1}{5} \sum_{k=1}^{5} \gamma_{12}(k) = 0.603$$

② 先计算 Y_2 与 X_1 和 X_2 的关联度。按照上述步骤可求得

$\gamma_{11}(1)=1, \gamma_{21}(2)=0.597, \gamma_{21}(3)=0.617, \gamma_{21}(4)=0.445, \gamma_{21}(5)=0.462$

$\gamma_{22}(1)=1, \gamma_{22}(2)=0.400, \gamma_{22}(3)=0.345, \gamma_{22}(4)=0.334, \gamma_{22}(5)=0.367$

由此,计算机关联度为

$$\gamma_{21} = \frac{1}{5}\sum_{k=1}^{5}\gamma_{21}(k) = 0.624$$

$$\gamma_{22} = \frac{1}{5}\sum_{k=1}^{5}\gamma_{22}(k) = 0.489$$

可得到关联矩阵

$$R = \begin{bmatrix} 0.531 & 0.603 \\ 0.624 & 0.489 \end{bmatrix}$$

③ 对关联度计算结果可以进行如下分析。

五个行业人工智能投入的各自比重 X_2 对五个行业的人均生产总值 Y_1 的影响大于五个行业的博士人数 X_1 对五个行业的人均生产总值 Y_1 的影响。五个行业的博士人数 X_1 对五个行业的高级工程师人数 Y_2 的影响大于五个行业人工智能投入的各自比重 X_2 对五个行业的高级工程师人数 Y_2 的影响。

5.5.3 决策试验方法

社会经济系统问题研究与解决方法涉及多个学科领域,只有多学科交叉的综合性方法才能有效地解决此类问题。正是在这样的背景下,决策实验方法(Decision Making Trial and Evaluation Laboratory,DEMATEL)由美国学者1971年提出,并发挥着越来越重要的作用。这种方法充分利用专家经验和知识处理复杂社会问题,尤其对那些要素关系不确定的系统更为有效。决策试验方法主要使用图论理论,以构造图的矩阵演算为中心进行。DEMATEL是系统结构模型化的一种方法,用于筛选复杂系统中的主要因素,能够简化系统结构分析。它充分利用专家的经验和知识处理复杂的社会问题,不需要复杂系统中的各个影响因素是相互独立的,它能够根据影响因素之间的关系形成的影响矩阵计算出每个因素的中心度与原因度,有效分析复杂系统中诸多因素之间的影响程度,识别出关键的影响因素,为管理问题的解决提供决策依据。DEMATEL方法应用过程中需要依据专家群体知识和经验打分建立直接关系影响矩阵,但是调查问卷或者专家打分建立直接影响矩阵存在带有专家主观性、组织实施困难等问题,影响了DEMATEL方法的应用范围。

(1) 决策试验方法步骤

① 分析系统各要素之间直接关系的有无以及关系的强弱度。假定系统 S={a,

图 5-3 四个要素之间的网络关系图

b, c, d} 中各要素的关系如图 5-3 所示。图中弧线上的数字表示要素之间关系的强弱，其中强＝3，中＝2，弱＝1。

② 将有向图表示成矩阵形式，称为直接影响矩阵，记为 X^d，直接影响阵中的元素即为相应要素之间关系的强弱，图 5-3 四个元素形成的直接影响矩阵如式(5-18)所示。

$$X^d = \begin{array}{c|cccc} & a & b & c & d \\ \hline a & 0 & 3 & 1 & 0 \\ b & 0 & 0 & 2 & 3 \\ c & 0 & 0 & 0 & 2 \\ d & 0 & 0 & 0 & 0 \end{array} \quad (5\text{-}18)$$

③ 求直接影响矩阵 X^d 各行元素之和并取最大值，将直接影响矩阵 X^d 各行元素除以最大值，得到正规化影响矩阵 X，如式(5-19)所示。

$$X = \begin{array}{c|cccc} & a & b & c & d \\ \hline a & 0 & 0.6 & 0.2 & 0 \\ b & 0 & 0 & 0.4 & 0.6 \\ c & 0 & 0 & 0 & 0.4 \\ d & 0 & 0 & 0 & 0 \end{array} \quad (5\text{-}19)$$

为分析要素之间的间接影响关系，需要求得综合影响矩阵 $T = X(I-X)^{-1} = (t_{ij})$，该例由直接影响矩阵 X 求出综合影响矩阵 T，如式(5-20)所示。

$$T = \begin{array}{c|cccc} & a & b & c & d \\ \hline a & 0 & 0.6 & 0.44 & 0.536 \\ b & 0 & 0 & 0.4 & 0.76 \\ c & 0 & 0 & 0 & 0.4 \\ d & 0 & 0 & 0 & 0 \end{array} \quad (5\text{-}20)$$

如式(5-20)，由 T 中元素 t_{ij} 计算出每个元素的影响度、被影响度以及中心度与原因度。t_{ij} 表示要素 i 对要素 j 所带来的直接影响及间接影响的程度，或要素 j 从要素 i 受到的综合影响的程度。影响度是指 T 的每行元素之和，称为该行对应元素对所有其他元素的综合影响值。被影响度是指 T 的每列元素之和，为该列对应元素受其他各元素的综合影响值。中心度是指每个元素的影响度与被影响度之和，称为该元素的中心度，它表示了该元素在系统中的位置和所起作用大小。原因度是指影响度与被影响度之差。如果原因度＞0，表明该元素对其他要素影响大，称为原因要素。如果原因度＜0，表明该元素受其他要素影响大，称为结果要素。

表 5-4 某企业发展因素分析的直接影响矩阵及综合影响指数

编号	1	2	3	4	5	6	7	8	9	10	11	12	行和	原因度	中心度
1	0	0	1	0	0	1	1	1	0	1	0	1	5.5333	5.5333	5.5333
2	0	0	1	1	1	0	1	0	0	1	0	1	−1.7200	−4.3600	0.9200
3	1	0	0	1	0	0	0	0	1	0	1	1	−0.8133	−5.6133	3.9867
4	0	0	1	0	0	1	0	0	1	0	1	1	−1.5333	−4.0933	1.0267
5	0	1	1	1	0	1	1	1	1	1	1	1	−1.7733	0.3467	−3.8933
6	0	0	1	1	1	0	0	1	1	0	1	1	0.1733	3.1733	−2.8267
7	1	0	1	0	0	0	1	0	1	1	0	1	1.2000	6.2400	−3.8400
8	0	0	0	1	1	1	0	0	0	1	0	1	0.9867	6.0267	−4.0533
9	0	0	0	1	1	0	0	0	0	0	1	1	−2.6000	−0.2400	−4.9600
10	0	0	0	1	1	1	0	0	1	0	1	1	−2.0133	1.1067	−5.1333
11	0	1	1	0	0	1	0	0	1	1	0	0	−2.2800	−5.0400	0.4800
12	0	0	0	0	0	0	0	0	0	0	0	0	0	−3.0800	3.0800
列和	0	2.64	4.8	2.56	−2.12	−3.0	−5.04	−5.04	−2.36	−3.12	2.76	3.08	0	0	0

（2）决策试验方法实例

假设某企业的 12 个发展因素分别是 $F_1 \sim F_{12}$，这 12 个因素之间的关系如表 5-4 所示。在实际决策中可以基于表 5-4，按照相关规则构造上述 12 个因素之间的直接影响矩阵，利用决策试验方法计算综合影响矩阵的行和、列和、原因度、中心度。

通过综合影响矩阵分析，可以得出影响该企业发展的原因因素（原因度大于零的因素）重要程度由大到小依次是 F_7、F_8、F_1、F_6、F_{10}、F_5。结果因素（原因度小于零的因素）重要程度由大到小依次是 F_3、F_{11}、F_2、F_4、F_{12}、F_9。从因素的中心度而言，F_1 的中心度最大，其次是 F_3。

小 结

针对本科生、硕士生常用的一些管理类研究方法进行介绍，主要介绍了定性研究法中的比较分析法、案例研究法和扎根理论，以及定量分析法中的层次分析法、灰色关联分析法和 DEMATEL 方法，通过课堂练习和实际操作让学生在学术论文和学位论文写作中有方法可依，减少不同层次学生写作的阻碍，提升学生科学研究能力和研究水平。

练 习

1. 回答定性分析法的优缺点及不同方法的使用条件。
2. 结合自己的研究领域选题采用层次分析法求解。
3. 结合自己的研究领域选题采用灰色关联分析方法求解。
4. 结合自己的研究领域选题采用 DEMATEL 方法求解。

6 学术论文写作

6.1 学术论文的概念

学术论文是用系统的、专门的知识研究某种问题的学理性文章,是对某一学术研究对象在理论研究和实验观测基础上的科学研究成果的记录。学术论文是将某种已知原理应用于实践取得新进展和新成果的科学总结,可以是领域内信息交流的会议论文,也可以是在正式刊物上发表的期刊论文。学术论文写作是衡量研究人员学术水平和科研能力的标准,其内容应有所创新。一篇优秀的学术论文并不仅仅体现在其写作技巧上,也体现在研究工作的本身,即选择什么课题进行研究、所选择课题的前沿性如何、所选题目的难度和深度等。实践证明,只有选择有理论和现实意义的课题,才有可能写出好的学术论文。

6.2 学术论文的分类

6.2.1 基础性研究学术论文

所谓基础性研究学术论文,是指将研究对象限定在特定学科领域内的基础理论类学术论文。这类学术论文的一大特点就是理论性较强,是对特定学科相关基础理论的一种创新,没有较深厚的学科基础理论储备,难以完成此类高质量的学术论文。应该说每个学科都有自身的基础理论,它们往往以概念、原理、公式等方式构成该学科的基础框架,从而搭建起特定学科的理论体系。需要指出的是,基础理论研究学术论文一般以文献研究法为主,通过总结、归纳、对比分析前人已有基础理论的不足，进而通过特定的逻辑构建基础理论的概念、命题、原理，从而创造出新的基础理论，进而推动学科发展。

6.2.2　应用研究学术论文

所谓应用研究学术论文，是指运用特定学科中相对比较成熟的基础理论去研究相关学科实践领域中的具体应用问题的一种学术论文。此类学术论文的一大特点就是实证性很强，其成果是特定基础理论在特定领域进行实践运用而产生的结论，虽然其创新度不是特别高，但却能检验基础理论的正确性、科学性和合理性，同时还能不断拓宽基础理论的应用领域和指导范围。应该说应用研究学术论文的写作难度较基础研究学术论文而言要小得多，它无须大量的概念创新和模式构建，也不需要复杂的逻辑推导，只需通过一定的实证方法了解特定实践领域中的实证问题和成因，便能通过三段论逻辑推理得出应用对策。所以应用研究学术论文应是学位论文的首选种类，它有利于学生在较短时间内通过实证方法掌握特定学科实践层面具体问题的相关材料，进而运用各专业课程所传授的相关基础理论，结合一定的逻辑论证方法得出应用对策建议。应用研究学术论文一般以实证方法为主，它必须运用若干实证方法，如调查法、观察法、行为法、统计法、测量法等获取特定研究对象的实证数据，再根据一定数据模型进行属性数据分析并得出结论，然后结合特定学科的基础理论通过逻辑推理得出应用对策建议。

6.2.3　综合研究学术论文

所谓综合研究学术论文，是指综合运用基础研究和应用研究的一种复合型学术论文。它要对特定学科或特定领域的基础理论进行研究，并将研究成果运用到具体实践层面去检验基础理论的正确性、合理性和科学性，不断拓宽应用指导的领域。此类学术论文在基础理论研究方面具有理论性特点，在应用研究方面具有实证性特点。因此，综合研究学术论文的写作难度非常大，常见于高级别课题的最终成果，以及硕士、博士学位论文的写作当中。这类学术论文对研究人员的研究水平、经验和专业知识的储备要求非常高。值得一提的是，综合研究学术论文写作难度大，其创新度在三种学术论文中却往往是最高的。

6.3　学术论文的特点

学术论文是开展学术交流、反映科研成果、总结学科前沿的重要手段，是人类社会发展和科学技术进步的助推器。管理类专业学术论文可以是管理领域新成果、新知识和新见解，也可以是将已知原理应用于实践所取得的新方法、新技术和新见解的会议论文、期刊论文和学术专著等。虽然这些不同类型的学术论文在写作目的、论述方式上各具特色，但是这些不同类型的学术论文都具有一些共同的特点，如科学性、创见性、学术性、再现性、规范性和可读性等。

6.3.1 科学性

科学性是学术论文最为基本的特点，是学术论文生命力的体现。学术论文的科学性主要体现在以下几个方面。①内容科学。所谓内容科学是指学术论文的内容是真实的，是可以重复再现的理论，可以是工艺流程的场景再现，也可以是最终产品的研发，还可以是经过多次测试能够推广应用的技术。科学研究是永无止境的，学术论文的内容也只是阶段性成果的表述，就是要对阶段性成果进行如实评价，对未来研究趋势进行展望。②表述科学。所谓表述科学是要准确和清晰地表述研究过程，这是语言表达的最基本要求，表述科学还体现为避免表述疏漏、表述差错或表述歧义。表述科学还应体现为选择恰当的科学术语，消除口头语言带来的模糊性。③结构科学。所谓结构科学是指学术论文写作结构具有一定的科学性，这种结构便于科学地反映客观事物。学术论文结构的科学性还体现为严密的逻辑性和清晰的层次性。

6.3.2 创见性

创见性是衡量学术论文是否具有价值的根本，体现为学术论文要有所发现和有所发明。要以科学的、严谨的、实事求是的态度提出新见解，创造新理论和发现新知识。学术论文的创见性还体现在避免简单复制、简单模仿，更不能人云亦云。学术论文的创建性不仅体现在创新的有无，还体现在创新的大小。一篇学术论文其创见性可大可小，但是要有属于自己风格的独特之处，对丰富相关领域知识和推动科学技术发展起到重要的作用。

6.3.3 学术性

学术性又称理论性，是指较为专门、系统、深入的学问。所谓专门研究，是指长期潜心认真思考探索从事某一学科，而不是临时涉入某一学科所发表的议论。因此，科学研究应该是一种专业性、专注性、长期性、学科性的研究。所谓系统研究，是指对研究对象的构成因素、内在联系、历史发展的全面性、整体性研究，以及对研究对象和其他事物联系的研究。所谓深入研究，是指由表及里、由粗及精、由静及动的研究，最后直达事物的本质规律和真相。

6.3.4 再现性

学术论文的再现性体现为其研究方法、试验条件、试验设备、试验数据的可重复性。也就是说在特定的试验条件下，采用特定的试验设备，按照既定的研究方法得到可以重复再现的数据，得到相同的结果。

6.3.5 规范性

学术论文的规范性在于按照科学论文写作要求安排内容，如题目、作者、作者单位、通讯地址、摘要、关键词、篇章标题、脚注、尾注和参考文献标引。学术论文的规范性还体现在论文写作的语言风格要遵循学术道德规范。

6.3.6 可读性

学术论文写作的目的是要进行学术交流、信息传播和成果共享。因此，学术论文必须按照既定的格式撰写，这种格式要求作者严格遵守。如果学术论文的规范性不足，那么很难让人读懂，也很难让人利用。为了保证学术论文的可读性，就必须按照一定格式撰写。一篇学术论文如果失去了规范性和可读性，则会严重降低其利用价值，甚至会使人怀疑其报道是否真实可靠。所以，在学术论文写作中，规范性必须引起作者重视。

6.4 学术论文提纲撰写

6.4.1 提纲的作用

学术论文撰写的第一步就是要编写提纲，做到心中有数。提纲好比动物的骨骼，内容好比动物的血肉。光有健壮的骨骼，没有血肉，则是死文章，不丰满，不立体，说服力不够。学术论文的提纲并非一次就可以设计得比较完美，而是需要一边搜集整理资料，一边构思和撰写，边写边改和边改边写。提纲修改是一个动态的过程，贯穿于研究工作的始终。从学术论文写作经验来看，提纲编写是十分必要的，有助于体现作者总体思路，有助于前后呼应，有助于及时调整。

(1) 体现作者总体思路

学术论文提纲主要用于帮助作者清楚地考虑文章整篇逻辑结构，是由数字和文字组成的一种逻辑图表。学术论文提纲编写使作者易于掌握全局结构，使整篇文章逻辑更加合理，层次更加清晰，也有利于突出文章的重点，使整篇文章简明扼要和一目了然。学术论文大纲可以反映作者规律性、条理性和连贯性的思维活动过程。在确定研究主题和研究题目后，如何根据总论点和分论点论述，将搜集到的资料与作者所形成的观点有机结合，这些都需要提纲予以辅助和指引。

（2）有利于前后呼应

学术论文提纲有助于树立全局观念，使作者从整体视角出发，检验各个部分所起的作用，在不同部分之间建立逻辑关系，使每部分所占篇幅与其在整篇文章中的作用相辅相成，以避免学术写作中主次不清的现象出现。前后呼应体现在整篇文章的前后，也体现在各个部分的前后，还体现在各个部分与结尾的前后关系等，使各个部分形成有机统一的整体，使每一字、每一句、每一段和每一部分都要为全局服务。提纲有助于论文结构的统一完整，以便使每一部分都能为全文提供更好的支撑。

（3）有利于及时调整

编写提纲有利于避免论文写作出现大的失误。提纲作为论文的浓缩和施工图，其总论点和分论点之间的统领和从属关系一目了然，并能较为直观地反映出论文在篇章结构、布局方面存在的不足，从而使作者及时发现问题，并对提纲进行及时调整和修改，避免出现文不对题的现象出现。在学术论文的写作过程中，作者能够从全局的视角对每一个部分进行思考，对出现不协调的地方进行修改，使得文章内容能更好地支撑主题。

6.4.2 撰写论文提纲方法

一般而言，撰写论文提纲的步骤包含 3 个部分，首先要确定论文的提要和概要，其次是要合理布局论文各部分，最后是科学合理地编写论文提纲。

（1）合理构思论文提纲

论文写作提纲构思的本质是要弄清楚所要研究主题的来龙去脉，并对论题内容有一定的认知和体会。在学术论文撰写初期，由于作者的研究还不够深入，还不能马上写出一个科学合理的提纲。这就需要作者进一步确定论文写作提要，再加入所搜集的材料，进而形成全文的概念。由此，论文提纲的构思是一个动态调整的过程，是对文章原材料雕刻的过程，使论文应有的线条得以清晰地显现，并非只是一个粗犷的轮廓。

（2）合理安排论文各部分

论文各个部分在整篇文章中所起的作用是不同的，一篇学术论文究竟应该包括哪几个部分，这几个部分的前后位置和逻辑关系是什么，都需要作者给予合理的安排。作者应合理安排论文各部分的逻辑顺序，用标题或主题句的形式列出，设计论文的结构框架。论文各个部分的逻辑关系一般包括并列式、递进式、因果式,在实际中往往综合应用。

(3) 论文提纲撰写方法

论文提纲只提示论文要点,既可用简单的方式列出,也可用详细的方式列出。论文提纲为论文写作提供了方向和指引,如果没有提纲,作者仅仅靠边写边想的方式撰写,则很难顺利完成。详细提纲是对论文的大小论点、主要论据和论证方法等结构项目的详细指示,具体而言要先拟标题,写出总论点,学会谋篇布局。首先,在总论点的指导下,逐个考虑每个项目的分论点,一直到段落这一级别,写出段落的论点句。其次,依次考虑各段落安排,把搜集到的材料按照顺序编码,以便写作使用。最后,要进行全面检查和做必要的调整,提纲就是在不断的检查和调整中完善。

6.4.3 撰写论文提纲注意事项

(1) 从全局观念出发

从全局出发检查每一部分在论文中所占的地位和所起的作用,检查各部分在整篇文章中的比例分配是否恰当,每一部分能否为中心论点服务。比如从商业模式生态视角出发,对商业模式和供应链进行有效的关联,通过场景解构原有商业模式,将场景要素融入已解构的商业模式之中,使商业模式要素具有感知外部环境和感知消费者消费偏好的功能,然后借助于场景化情境配置重构商业模式,使现有商业模式能够适时感知用户所处时空的消费期望,通过产品情境、技术情境、服务情境、移动情境、社交情境和终端情境等的配置,满足用户的消费需求、消费习惯和消费偏好,以及对于产品功能的需求、服务效用的需求和场景体验的需求。

(2) 从中心论点出发

提纲是一篇论文写作控制和调节的工具,其控制和调节决定了对材料的取舍方法,要把那些与主题关系不大或者与主题无关的部分果断舍弃。学术论文大纲编写过程是论文重塑的过程,需要把多余的材料雕刻下去,使整篇文章以清晰的面貌呈现在读者面前。所以,在论文材料的取舍过程中,要时刻牢记材料只是为形成自己论文的论点服务的,无关的材料无论多好也要懂得舍弃。如果把学术论文写作比作雕像雕刻,那么论文大纲就是握在雕刻者手中的刻刀,作者需要忍痛割爱,力求简洁明了才是上上之策。

(3) 考虑各部分逻辑关系

学术论文写作初学者常犯的毛病是缺乏在论点和论据之间建立关联的能力。虽然作者尽力想做好这一点,但是由于缺乏切实有力的论据,限于自身写作能力的不足,学术论文写作只停留在反复阐述论点的摇旗呐喊阶段。另外一种情形是,作者搜集了大量的文献资料,但是却缺乏从这些分散无序资料中提炼出有机逻辑关系的能力,使得所写论文不符合编辑部的要求而被退稿。由此,作者必须训练对各部分资料的把握能力,使论文写作有论点有例证,理论和实例相结合,论证过程有严密的逻辑性,拟提纲时特别要注意这一点。

6.5 学术论文格式要求

6.5.1 学术论文基本格式

1988年1月1日起实施的《科学技术报告、学位论文和学术论文的编写格式》(GB7713—87)对学术论文的撰写和编排格式作了规定。尽管不同期刊的论文内容千差万别,风格各有千秋,但是格式是可以统一的。学术论文的格式是指规格式样,具体是指题名、作者、作者单位、摘要、关键词、中图分类号、文献标识码、引言、正文、结论和参考文献等。学术论文基本格式就是撰写和编排的规格和式样。对于管理类刊物,特别是核心期刊而言,不同刊物要求的基本格式是不一样的,作者在写作完成后投稿时要根据所投刊物对行文格式的要求利用文献管理工具生成相应的引文格式后再投稿。

6.5.2 论文撰写格式

学术论文有基本格式,对于一篇学术论文而言,哪些部分应该先写,哪些部分应该后写,每一个部分要写什么内容,各个部分有什么表达要求,编排上应该遵循哪些规定,这些决定了论文撰写的格式。具体而言,论文撰写格式包括主题如何确立、论据如何选取、论证如何进行,以及结构如何安排,还包括小节和段落如何划分、层次标题如何拟定等,这些都需要作者精密部署。由于不同文章的研究对象、研究目的和研究方法各不相同,每一句话如何写、如何编排均需要作者根据实际情况来处理。由此,论文既要遵循既定的撰写格式,又不能千篇一律、千人一面。只有如此,才能使每篇学术论文各具独立的主题思想、表达方法、写作风格和编排格式。

6.6 学术论文写作方法

6.6.1 论文题名写法

题名也被称为文题、题目或总标题,是论文的总纲。题名要求应能准确表达论文中心内容，恰如其分地反映研究范围和研究应达到的深度。中文题名一般不宜超过 20 个汉字，也有学者认为在 25 个汉字内为宜。为精练，首先避免重复的词语，避免同义词和近义词连用，要减少形容词的使用。题名要准确得体，不要太大，以免失之笼统，但也不要太过具体。题名太大，读者不能了解具体内容，也不能写得太具体，说得繁琐了反而使读者不能一目了然。题名一般不应是陈述句，少数情况下可以用疑问句，疑问句有探讨性语气，易引起读者兴趣。英文题名以名词短语为主要形式，短语型题名要确定好中心词，再进行修饰。各个词的位置顺序很重要，如果词序不当会导致表达不准。同一篇论文，其英文题名与中文题名内容上应一致。无论中文题名还是英文题名，其编写的总原则是题名应确切、简练、醒目，在能准确反映论文特定内容的前提下，题名字数越少越好。

6.6.2 论文作者署名

（1）署名意义

《中华人民共和国著作权法》中规定著作权属于作者，著作权包括署名权，即表明作者身份，在作品上署名的权利。作者在学术论文署名具有以下 3 个方面的意义。①拥有著作权的声明。在学术论文中署名表明作者拥有该文的著作权，任何个人和组织不能侵犯，也表明作者辛勤劳动所得的一种荣誉。②文责自负的承诺。署名表示作者对文责自负的承诺，论文一经发表作者对该文承担政治上、法律上和科学上的责任。③便于读者联系。署名从某种角度上而言，是建立作者与读者之间沟通的桥梁，读者如果想与作者沟通则可以直接与作者联系。署名为读者联系作者提供了渠道。

（2）署名对象

对于学术论文而言，署名仅限于那些参与科学研究和学术论文写作的全部工作或主要工作的人员。仅参加部分工作的合作者、按研究计划分工负责具体问题的工作者、某一项测试任务的承担者，以及接受委托进行分析检验和观察的辅助人员等均不应署名，但是可以将他们作为参加工作人员列入致谢部分，或注于篇首页的脚注。个人研究成果只应该个人署名，集体的研究成果则需要集体署名。集体署名时，应按人员对研究工作贡献的大小排列名次，不同刊物署名的位置与格式不同，需要作者参照目标刊物决定。

6.6.3 论文各级标题写法

论文各级标题编写应注重对研究主题的凝练和提炼，使各级标题具有论点鲜明、简洁醒目、生动新颖的特点，所以在论文各级标题的拟定中要围绕中心、贴切严谨、反复推敲，就像给自己的孩子命名一样。论文各级标题犹如人的不同器官，占有重要的地位，起着重要的作用。论文各级标题的拟定往往会影响论文写作的全过程，所以各级标题要紧密联系中心论点，或揭示、或启示、或暗示、或限定中心论点。由此，论文各级标题要力求简洁和醒目，既要概括论文中心，又能引人注意。

6.6.4 论文摘要写法

论文摘要是对原文的高度浓缩和概括，以最少的文字提供最大量的信息，是原文的快照。论文摘要应具有真实性，要对原文予以客观、真实和准确的摘述。摘要应忠实于原文，尽量不要加入作者的感情色彩。

(1) 摘要的概念

摘要是对论文的内容不加注释和评论的简短陈述。论文摘要撰写的目的是让读者尽快了解论文的主要内容，以补足题名的不足。对于管理类文章而言，读者一般不可能拿到一篇文章就要阅读全文，而是根据摘要来判断和决定，摘要担负着吸引读者和介绍文章主要内容的任务。

(2) 摘要的分类

一般而言，摘要分为报道性摘要、指示性摘要和报道指示性摘要三类。所谓报道性摘要是指向读者提供论文中全部创新内容，尤其适用于试验研究和专题研究类论文，篇幅以200～300字为宜。所谓指示性摘要是指只简要地介绍论文的论题，或者概括表述研究目的，仅使读者对论文主要内容有一个概括的了解，篇幅以50～100字为宜。所谓报道指示性摘要是指以报道性摘要的形式表述论文中价值最高的那部分内容，其余部分则以指示性摘要形式表达，篇幅以100～200字为宜。

(3) 摘要的内容

摘要的内容主要包括研究目的、研究方法、研究结果和研究结论，摘要在行文方式上无须机械地用"本文目的是…""所用方法是…"和"结果是…"这样的语句。许多摘要自然地就把"目的""方法"和"结论"等主要内容阐述清楚了。当然，在具体行文时，哪项应该详写，哪项可以略写，还有研究背景、成果意义等写不写，如果写的话该如何写，这些都是因文而异，不必千篇一律。

(4) 摘要写作要求

摘要写作应遵循忠实性、逻辑性、规范性和简明性四个原则。所谓忠实性是指要如实和客观地反映原始文献，不应加入作者的主观见解或评论。所谓逻辑性是指要合乎语法，遵循"目的—方法—结果—结论"的逻辑结构，保持与原文在逻辑上的统一。所谓规范性是指摘要一般不用"本文""作者""我们"等第一人称称谓，而是实行无主语，用第三人称语气。可采用直接以动词开头的写法，如"对…进行了研究""报告了…现状""进行了…调查"等。所谓简明性是指摘要结构和摘要表述要简明，摘要语义要不分段落且确切连贯。

6.6.5 论文引言写法

论文引言主要内容是简要说明研究目的、研究范围、相关领域前人工作、目前争论的焦点及研究的机会点，还可以是理论基础分析、提出研究设想、选择研究方法和进行实验设计，以及预期达到的效果等。简而言之，论文引言要说明为什么要研究这个课题，这个课题对于管理领域有什么现实意义，进而提出论文的中心论点。论文引言的具体写作应从以下几个方面考虑。

(1) 引言的概念和内容

学术论文引言主要包括研究理由、研究目的、研究背景，包括研究问题的提出、研究对象的明确，以及研究对象特征的提炼，还包括前人对这一问题做了哪些工作、存在哪些不足、希望解决什么问题、该问题的解决有什么作用和意义等。简而言之，引言主要是对理论依据、实验基础、研究方法的总结。在引言中，可以对沿用的已知理论、已知原理和已知方法简单提及，对于新的概念或术语则应加以定义、界定或阐明。对于预期结果、研究地位、研究作用和研究意义要写得自然一些，尽可能采用简洁的语言对其确切概括。

(2) 引言的写作要求

由于引言需要写的东西较多而篇幅有限，所以引言的写作要言简意赅。作者根据科研课题的具体情况，确定引言部分阐述的重点。引言对于那些人所共知的以及前人文献中已有的不必细写。引言主要是要写好研究理由、研究目的、研究方法和预期结果，意思要明确，语言要简练。引言的写作要求开门见山，不绕圈子，注意一起笔就应切题，不能铺垫太远。同时，引言撰写要尊重科学、不落俗套和如实评述。

6.6.6 论文正文写法

正文是论文的核心部分，该部分的主要作用是论证。正文占有主要的篇幅，因为论文的论点、论据和论证过程都在这部分体现。不同学术论文所涉及的选题、研究对象、研究方法、研究进程、研究结果等表述方式的差异很大。对于不同选题的学术论文而言，正文总的思路和结构安排应当符合提出的论点，要在正文中通过论据对论点加以论证。

(1) 正文的立意与谋篇

正文是作者总的意图或基本观点的体现，其对论文的价值起主导和决定作用，所以其立意与谋篇就显得特别重要。所谓立意就是将论文的主题思想在正文部分确立起来，所谓谋篇就是要安排好正文结构，立意和谋篇就是要选择好正文的材料，以充分而有效的方式阐述论文主题。正文应能在分析材料、整理实验或观察结果的基础上透过现象抓住事物的本质，提出能反映客观规律的见解，将实践知识上升为理论，得出有价值的结论。

(2) 正文的内容

科学研究过程需要予以说明，科学研究成果需要接受检验，这就要求正文介绍清楚这些内容，以便于使其他人能够重复操作。对于学术论文正文而言，其写作的总体要求是逻辑明晰、论述准确、结构完备、语言简洁。通过对现有成果和科研经验进行总结，学术论文正文在论证方面应该论点明确、论据充分和论证合理，在数据方面应事实准确、数据准确和计算准确，在内容方面应文字简练、避免重复、避免繁琐，在表达方面要条理清楚、逻辑性强、语言精练，在学术规范方面应保守秘密、不能泄密。总而言之，学术论文正文写作要在抓住基本观点的前提下注重准确。

(3) 正文常用的论证方法

常用的论证方法包括举例、类比、对比、反证、归谬、因果互证和事理引申等基本方法。①举例。所谓举例就是用具体的事实和数据证明论点。②类比。所谓类比是将甲类事物与乙类事物作对比，以乙类事物的正确与否来证明甲类事物的正确与否。③对比。所谓对比是将截然相反的两种情况进行比较，形成鲜明的对照，从而证实某一方面的存在或正确。④反证。从反面来证明论点，如数学上的反证法。⑤归谬。先假定某一论点是正确的，然后以此为前提，导出一个显然是荒谬的结论，从而证明假定的那一论点是错的。⑥因果互证。通过事理分析，揭示论点与论据之间的因果关系，以此证明论点的正确性。⑦事理引申。以人们已知的道理为论据来证明作者的观点。

6.6.7 论文段落的写法

文章由不同部分组成，而不同部分又分别由段落组成，所以段落是文章的基本单位。文章的段落和段落之间环环相扣，就像锁链一样把不同部分有机联系起来。论文段落一般较长，因为在一个较短的段落里，很难对一个论点展开周密细致的论证。如果用几个小段来论述一个观点，往往又会把论点、论据和论证的严密逻辑联系割裂开来，影响表达效果。论文也并非一律是长段，段落过长会使读者产生疲劳感,失掉阅读的积极性,也影响表达效果。所以段落要长短合适。特殊段落应位于全文的点睛之处、侧重强调之处、发生哲理之处等,即使是只言片语,也可独立置段,使其鲜明地突出出来。学术论文的开头是最重要的位置,把要表达的主要点放在开头,容易引起读者的注意,这就是所谓"凤头"。结尾是比较重要的位置,段末位置表达的东西,也容易引起读者的注意,这就是所谓的"豹尾"。以篇幅在视觉上表示侧重的地方,以引起读者的注意,这就是所谓的"猪肚"。以技巧表示侧重的地方,可以采用一些表现技巧,如运用反复、排比和强调的方法,还可以用序数法表侧重,这就是所谓的"羊肠"。

6.6.8 论文结论写法

论文结论是在理论分析和实验验证的基础上,通过严密的逻辑推理而得出富有创造性、指导性、经验性的结果描述。论文结论应与引言相呼应,以自身的条理性、明确性、客观性反映了论文或研究成果的价值。

(1) 结论段的内容与格式

学术论文的结论不是摘要的简单复制,也不是研究结果的简单重复,而是对研究结果深层次的认知,是从正文全部内容出发,涉及引言的部分内容,经过判断、归纳、推理等过程,将研究结果升华为新的观点。学术论文结论部分常用的写作语句包括本研究结果说明了什么问题,得出了什么规律性的东西,提出了什么理论或解决了什么实际问题;本研究对前人有关本问题的看法作了哪些检验,哪些与本研究结果一致,哪些不一致,作者做了哪些修正、补充、发展或否定;本研究的不足之处或遗留问题。

(2) 结论和建议撰写要求

结论和建议部分的撰写要求体现在以下几个方面。①准确概括且措辞严谨。结论对论文创新内容概括应当准确、完整,不要漏掉任何一条有价值的结论,也不能凭空杜撰。结论只能作一种解释,应该清清楚楚,不能模棱两可,不能含糊其词。②明确具体且简短精练。结论段应提供明确、具体的定性和定量的信息,对要点要具体表述,不能用抽象和笼统的语言。③不作自我评价。研究成果或论文的真正价值是通过具体结论来体现的,所以不宜用一些不客观的语句做自我评价。成果到底属何种水平,读者自会评说,不必由论文作者把它写在结论里。

6.6.9 参考文献著录方法

按规定,在学术论文中,凡是引用前人已有成果的观点、数据、文献和材料等,都要对它们在文中出现的地方予以标明,并在文末列出,此项工作称为参考文献著录。

(1) 参考文献著录作用

参考文献对于学术论文而言是不可缺少的，其著录方法需要参考具体的标准。归纳起来，参考文献著录的作用主要体现在以下五个方面。①研究基础。参考文献反映论文作者的科学态度，是论文写作的基础和依据，体现了论文的起点和深度。②尊重他人。参考文献把论文作者成果与前人成果区别开来，这不仅表明了论文作者对他人劳动的尊重，而且也免除了抄袭和剽窃他人成果的嫌疑。③检索作用。读者通过著录的参考文献，可方便地检索和查找有关资料，以便对该论文中的引文有更详尽的了解。④节省篇幅。论文中需要表述的某些内容，已有文献记载者不必详述，著录参考文献有利于节省论文篇幅。⑤科学研究。著录参考文献有助于科技情报人员进行情报研究和文献计量学研究，如知识图谱、关键词共现等文献计量分析。

(2) 参考文献著录原则

参考文献著录就是要采用标准化的著录格式，对最必要、最新公开发表的文献进行著录。我国国家标准 GB7714—2015《信息与文献——参考文献著录规则》中规定了参考文献著录方法。其中，顺序编码制为我国科学技术期刊普遍采用。参考文献著录方法有文内标注格式即采用顺序编码制时，在引文处按它们出现的先后用阿拉伯数字连续编码，并将序码置于方括号内，作为上角标，或者作为语句的组成部分。还可以采用文后参考文献表的编写格式，即采用顺序编码制时，在文后参考文献表中，各条文献按在论文中的序号顺序排列，项目应完整，内容应准确。

(3) 文献及载体类型代码

在 GB7714—2015 规则中对文献类型代码给出统一规定，用单字母表示文献类型的有普通图书（M—Monograph）、会议录（C—Conference）、报纸（N—Newspaper）、期刊（J—Journal）、学位论文（D—Dissertation）、报告（R—Report）、标准（S—Standard）、专利（P—Patent）、专著论文集中的析出文献（A—Article）。用双字母表示文献类型的有数据库（DB—Database）、计算机程序（CP—Computer Program）、电子公告（EB—Electronic Bulletin Board）。GB7714—2005《文后参考文献著录规则》对文献载体类型用双字母标识的有磁带（MT—Magnetic Tape）、磁盘（DK—Disk）、光盘（CD—Compact Disc）、联机网络（OL—Online）。在参考文献标识中同时标明其载体类型的有联机网上数据库（DB/OL—Online Database）、磁带数据库（DB/MT—Magnetic Tape Database）、光盘图书（M/CD—Monograph on CD-ROM）、磁盘软件（CP/DK—Program on disk）、网上期刊（J/OL—Journal Online）、网上电子公告（EB/OL—Electronic Bulletin Board Online）。

（4）参考文献著录原则

学术论文一律采用文内和文后的参考文献著录格式，一般应遵守如下 5 个原则。①按正文中引用文献出现的顺序采用阿拉伯数字连续编码，并将序号置于方括号中。②同一处引用多篇文献时，将各篇文献的序号在方括号中全部列出，各序号间用"，"分割。③如遇连续序号，可标注起讫号"-"。④若同一文献在论著中被引用多次，只编 1 个首次引用时的序号，引文页码在"〔〕"外，参考文献表中不再重复著录页码。⑤3 人以下全部著录，3 人以上只著录前 3 人，其后加"，等"，外文用"，et al"；各责任者之间应该用"，"分隔。

小　结

要进行学术写作，首先要掌握学术论文写作的基础知识，本章就是从此角度对学术论文的分类和特点、学术论文的提纲写作、学术论文格式要求、学术论文写作要求进行介绍。在学术论文写作方面，介绍了题名写法、作者署名、标题写法、摘要写法、引言写法、正文写法、结论写法和参考文献标注方法。经过本章节学习可以全面掌握学术写作基础，为开展学术写作、促进学术交流创造条件。

练　习

1. 请熟悉自己研究领域目标期刊学术论文写作格式。
2. 对不同部分的写作方法予以说明，找其中一部分对其写作方法详细说明。
3. 请尝试对以前写过的文章进行修改，并对比修改前后的文章。
4. 结合自己的研究领域，你认为目前制约你写作水平的主要因素是什么？
5. 运用 PDCA 方法做提升自己的写作能力的计划。

7 学位论文写作

7.1 学位论文概述

学位论文是高等院校毕业生申请学位所提交的文章，有固定的格式，是重要的内部文献，被保存在学位授予单位和国家级文献收藏单位。学位论文内容专深，有一定的新颖性、学术性和独创性，内容较系统、完整和详细，有一定的参考价值。学位论文根据申请学位等级分为学士学位论文、硕士学位论文和博士学位论文三个等级。①学士学位论文。学士学位论文是本科生撰写的毕业论文，反映了作者对大学阶段所学专业知识的掌握程度，体现了本科生综合运用管理类研究方法解决问题的能力。本科生应该对所研究的题目有一定的心得体会，论文选题不能太大，一般选择某一重要问题的一个侧面或者一个需要解决的现实问题。学士学位论文题目不宜过大也不宜过小，不能过旧也不能过长。②硕士学位论文。硕士学位论文是攻读硕士学位研究生撰写的毕业论文，反映了作者对硕士阶段所学专业知识的掌握程度，体现了硕士生综合运用管理类研究方法提炼问题、分析问题和解决问题的能力。硕士生应该对所研究题目有一定深度的认识，对所研究的选题有独到的见解，体现硕士生具有一定的科研能力，硕士生学位论文对本专业学术水平的提高具有积极的推动作用。③博士学位论文。博士学位论文是攻读博士学位研究生撰写的毕业论文，反映了作者对博士阶段所学专业知识的运用能力，体现了博士生综合运用管理类研究方法进行创新研究和升华问题的能力。博士生所选题目是领域内潜在的研究方向，是开辟新的研究领域，体现博士生掌握相当渊博的理论知识，具有独立的研究能力和较高的研究水平。

7.1.1 学位论文写作意义

学位论文是高等学校教学计划中的一个重要环节,与其他教学环节相辅相成,构成一个有机的整体,是各教学环节的继续、深化和检验。学位论文写作目的是要培养不同层次学生综合运用所学专业知识和管理类研究方法提炼问题、分析问题、解决问题和升华问题的能力。学位论文写作过程也是训练和培养学生对专业领域问题的观察能力、思考能力、分析能力、判断能力、表达能力和解决实际问题的能力。通过学位论文写作的锻炼,使学生养成勇于探索、勤奋严谨、求真务实的科研作风,为学生日后从事专业领域的相关工作奠定良好的基础。由此,本书对学位论文写作的意义进行如下总结。

(1) 对教学质量的综合检验

学位论文写作要求学生不仅具有发现问题、分析问题和解决问题的能力,更要求学生具有扎实的专业知识,还需要学生掌握一定的管理研究方法。一篇好的学位论文体现学生对所学知识和技能系统化运用的能力,以及理论与实际相结合的能力。在学位论文撰写过程中,学生将所学知识关联与聚合,把分散在不同课程的知识提取后有机融合,使所学知识在学位论文写作过程中得到拓宽、深化和升华。事实上,学生在学位论文写作过程中会暴露出很多问题,主要表现为知识掌握不扎实、对理论运用不够灵活、论文谋篇布局能力不足、论文层次和条理不清、文字表达能力较差,甚至学位论文撰写格式错误。学位论文撰写体现了高校总体教学水平和教学能力。

(2) 有助于科研习惯的养成

学位论文是各阶段教学的最后一个环节,也是一个非常重要的环节。在学术论文撰写过程中,对于学生科研能力训练和培育具有重要的作用。学位论文在某种程度上是一本纸本或一篇电子文章,但是在背后演绎着一系列科研故事,每一篇文章都是一个故事。透过学位论文我们仿佛可以看到指导教师的认真指导,学生们查阅资料、进行调查访谈和修改论文的场景。师生每一次交互都是认真负责的,体现了一丝不苟、敢于创新和协作攻关精神的传承,是师生潜心考察、勇于开拓、敢于实践的态度的体现,是勇于探索、严谨推理、实事求是的科学技术人员应具有的素质。

(3) 有助于提升信息素养

学位论文撰写需要参考相应的文献,这就要求学生具有一定的文献搜集、文献管理、文献分析和文献利用的能力。学位论文撰写要求学生在指导教师的指导下,具备独立进行调查研究、资料搜集、分析提炼、实验研究、推理论证和系统表达的能力,进而培养学生借助文献调研、科学实验、生产实践、问卷调查和专家访谈等方法在研究中获取知识,提升发现问题、分析问题、解决问题和升华问题的能力。当前,众多高校都开设了文献检索、信息检索、专业创新实践、文献阅读等课程,这些课程对文献检索和利用知识进行详细讲解,使学生学会基于前人成果寻求研究的机会,找到研究的切入点,进而提升学生的综合素养,如信息素养、科研素养、写作素养等。

(4) 有助于提升科研能力

学位论文撰写是学生发现问题、分析问题、解决问题和升华问题能力的培育。在解决问题的过程中,对学生搜集文献、管理文献、综述文献的能力进行培养。学位论文的撰写除了这些能力外,还需要具备思维导图制作的能力、图形绘制能力、实验研究能力和数据处理能力。在学位论文撰写过程中,有助于学生综合利用所学知识,拓宽学生知识面,系统化学生所学知识,使学生能够综合利用这些手段和方法在指导教师指导下独立完成学位论文,同时对于学生计算机能力和外语能力的提升也是一个促进。

(5) 有助于提高表达能力

在学位论文写作过程中,学生需要和指导教师、其他同学和其他老师进行交流,在交流的过程中锻炼了学生口头表达能力和文字表达能力,使学生的写作水平和写作能力得以提高。同时,学位论文写作也有利于锻炼学生的逻辑思维能力和发散思维能力,并且将这两种能力综合运用,这样在一定程度上也有助于提高学生的语言表达能力。从毕业论文开始撰写到毕业论文顺利完成答辩的这一过程是对学生表达能力的锻炼。另外,学生毕业工作后,所在岗位要求写报告和总结,也需要向领导作一些口头汇报,这也需要学生具备遣词、造句、立意、谋篇、表达、逻辑、语法、修辞等各种能力。在学位论文答辩中,需要学生对自己的论点和论据进行辩说。因此,学位论文的完成,能够帮助学生更好地提高表达能力。

7.1.2 学位论文分类

学位论文是获得学士学位、硕士学位和博士学位的必要支撑材料,三种学位论文既有一些共性要求也有一些差异。无论哪种学位论文,均须证明学位候选人具有了有一定宽度和深度的知识结构,在指导教师指导下进行科学研究,获得具有某种价值的成果,并且具备书面交流和口头交流自己工作成果的能力。一般情况下,三种学位论文的差异主要体现在选题、贡献、知识掌握程度和独立工作能力上,具体要求差异如表 7-1 所示。

表 7-1　三种学位论文的要求差异

类型	选题	贡献	知识掌握程度	独立工作能力
学士学位论文	选题一般由指导教师指定,聚焦于一个研究方向	针对一个问题开展了工作,得到了一些结果	正确掌握与题目相关的知识,正确使用相关知识	在老师指导和帮助下完成,毕业后具备从事专业技术工作的能力
硕士学位论文	可以选择一个已经研究的问题,选题对一个专业有重要的意义	有独立的研究内容和一定的贡献	掌握本领域坚实的基础理论和系统的专门知识	在导师指导下独立完成,毕业后具备从事科学研究的能力
博士学位论文	选择一个尚未研究过的选题,选题对一个领域有重要意义,问题重要性高	有深入的研究,研究工作对一个领域有推动作用,有原创性贡献,且创新程度高	掌握坚实宽广的基础理论和系统深入的专门知识,强调基础知识的广度和专门知识的深度	在导师指导下独立完成,毕业后具备独立从事科学研究的能力

对于学士学位论文而言,论文工作包括但不局限于科学研究、产品开发、产品研发、应用研究以及艺术作品设计,可以是一个相对完整和独立的工作,也可以是某一项大型工作的节点工作。对于硕士论文,要求所研究问题比较重要,研究要有深度。对于博士论文,要求有原创性贡献,即带来新的知识。虽然在贡献和知识掌握的程度上有差异,但三种论文在写作形式和质量上都有相同的要求,即条理清楚、图表清晰、格式规范,遵循严密的写作逻辑,文献引用满足学术规范,无剽窃,无造假,在答辩时表述清楚,正确回答相关问题。

7.1.3　学位论文的特点

由上述对学位论文内涵的揭示和对写作意义的介绍,本书对学位论文的特点进行如下总结和提炼。

(1) 学术性。 学位论文要求具有一定的学术性。所谓学术性就是要求学生能够针对某一专业领域问题,对分散在不同课程中的知识点进行系统化的关联聚合,并对其进行综合运用,梳理繁杂凌乱的文献进而对研究主题的状况进行分析、归纳,从中找出以往研究中存在的问题和不足,并运用与之匹配的方法对其进行深入研究,最终得到具有指导意义的结论,形成相应的对策。

(2) 科学性。 学位论文要求具有一定的科学性。所谓科学性就是要求学位论文的观点能够反映客观事物的发展规律,所运用的材料必须确凿和新颖,论述过程措辞要严谨,语义要确切,结构要完整,逻辑要严密。学位论文的科学性还表现在内容真实、理论成熟、技术过关、水平先进、理论正确、论据充实、论证严密,表述做到定性准确和定量精确。

(3) 规范性。 学位论文要求具有一定的规范性。所谓规范性就是学位论文按照既定的科研规律和写作要求安排实验，布局段落层次，逐渐形成了一定的格式。目前，不同学位授予单位都对学位论文的撰写和编排制定了相应的规范，撰写时必须遵守并熟练运用这些规范。学位论文的规范性表现在篇幅、格式、文献、内容和装订等方面的特殊要求。

（4）创新性。学位论文要求具有一定的创新性。所谓创新性就是指既要以前人的研究工作为基础，又不能抄袭、照搬前人的成果，更不能人云亦云。学位论文的创新性是指所论述的事物现象、特点和规律或基本方法和理论是前所未有的，是在前人工作基础上的再创造。

（5）学习性。学位论文要求具有一定的学习性。所谓学习性就是指学生在论文写作过程中，不断汲取新的知识，掌握新的理论，学习管理研究方法，提高学生的综合研究能力和写作能力。学习的方式可以是从书中学，也可以是和指导教师学，还可以是和其他同学学。

（6）独立性。学位论文要求具有一定的独立性。所谓独立性是指学生在教师指导下独立完成科学研究和学术写作。这就要求学生能够相信自己和依靠自己，自己动手选题和查找相关资料，并在大量资料的基础上，通过归纳、综合、比较、分析和综述得出结论。撰写时应独立思考，但可以适当借鉴别人的成果，征求导师的意见。

7.1.4　学位论文与学术论文的差异

科研论文分为学术论文和学位论文两类，两者都是有关创新见解的记录和知识创造的总结，都要求在已有知识积累的基础上有所创新和突破，二者在基本性质、公开发表与否、对象群体、文体结构、文字篇幅等方面存在着一定的差异。

（1）性质差异

学术论文是公开发表的研究成果，学位论文是申请学位需要提交的论文。学术论文的目的是要与同行进行思想交流和知识传播，学位论文则主要是检测不同层次学生对本专业知识和基本科研技能的掌握情况，以及对所学知识的运用能力，特别是创新能力。由此，学术论文是某一学术课题在实验性、理论性或观测性上具有新的科学研究成果或创新见解和知识的科学记录。学位论文则是表明作者从事科学研究取得创造性成果或创新见解，并以此为内容撰写而成，作为提出申请授予相应学位时评审用的学术论文。

（2）对象差异

从阅读对象群体来看，学术论文主要面向的是学界和业界的专业人士（评审专家和期刊编辑），主要是从事相同领域研究的学界同行。学位论文的阅读对象主要是有学位授予权的高等学校和科学研究机构中的学位论文评审专家、答辩教师和同领域的专家学者。

(3) 发表状况

学术论文是公开发表在学术期刊上的，学位论文一般不公开发表。不过，也有一些研究者以自己的学位论文为基础将整篇主体内容或某些章节内容以独立的学术论文形式在期刊上公开发表或者以专著的形式出版。

(4) 文体结构

学术论文一般包括题目、中英文摘要、关键词、正文、注释、参考文献。学位论文主体部分结构与学术论文总体相似，但略显复杂，包含的部分更多。

7.1.5 学位论文写作要求

不同学位授予单位的学位论文写作要求各不相同，但是又有共同的特点，具体如下。

(1) 论文完成的独立性。 学位论文不同于学术论文，需要学位申请者在指导教师指导下独立完成。在整个学位论文的撰写过程中，指导教师只负责指导。学生不能等待和依靠指导教师为其选题和制定写作方案，而应基于自己的思考在导师指导下完成。

(2) 论证对象的专业性。 学位论文的另一个要求是要具备一定的专业性，让论文评阅人和答辩评委能够从论文看到作者对于专业知识的把握能力，以及作者对专业问题的发现能力、分析能力、解决能力和升华能力。

(3) 研究内容的学术性。 学位论文的学术性体现在申请人的学术修养和学术能力。学士学位论文一般不过分强调学术性，但硕士和博士学位论文必须着重强调。学位论文的学术性主要表现为应有一定的理论高度和深度、侧重理论论证和客观说明以及灵活运用专业理论和最新研究成果。

(4) 论证过程的科学性。 学位论文作为科研性论文的一种，在写作时也应遵循科学性这一要求。科学性是学位论文所应该具备的基本特质，一旦丧失了科学性就无法体现学位论文的学术性。

(5) 揭示规律的创新性。 通常情况下，对学士学位论文没有创新要求，但硕士学位论文和博士学位论文必须要有创新。硕士学位论文主要应该在概念、观点、建议和措施等方面有创新。博士学位论文要求在概念、观点、思想和结论等方面要有独创性，并揭示出事物发展的规律。

(6) 研究成果的应用性。 一般而言，硕士学位论文和博士学位论文在理论上解决了该专业的一些实际问题，都应具有一定的应用价值，兼具学术价值和实用价值。对于 MBA 学位论文而言，要着重强调学位论文中研究主题的实用性和实践性。

（7）**知识结构的系统性**。学位论文的知识结构是一个完整的体系，具有系统性的特点，包括知识体系、理论体系、方法体系和结构体系四个方面。一篇优秀的学位论文要做到这四个方面的协调统一和良好匹配，就要求学位授予单位要注重对学生这四个方面的教学和训练。

（8）**表述格式的规范性**。学位论文必须遵循约定俗成的规定和规范。这是由学位论文的性质、内容、特点和功能所决定的。虽然各大高校均对学士、硕士和博士论文制定了相应的撰写格式规范，但各高等学校没有统一的格式规定，大体都包括题名、摘要、关键词、前言、各章小结和全文总结等内容。

（9）**论文篇幅的规模性**。学位论文，特别是硕士和博士学位论文在篇幅上要大大超过一般的学术论文。造成学位论文篇幅长的原因是其本质属性。除了与正文所要论述的内容较多有关外，还与其绪论篇幅长、参考文献数量多和专门增设附录有关。

（10）**写作的基本要求**。各高校对于学位论文内容表达的可读性均有一定的要求，大致要求是结构合理、层次分明、叙述准确、文字简练、文图规范。

7.2 学位论文写作步骤

学位论文写作的基本步骤包括以下几个环节，即指导教师下达或批准论文选题任务书→学生撰写论文开题报告→学生提交开题报告→开题答辩→开题通过→论文写作开始→中期检查与答辩→完成并提交论文初稿→修改论文（3~5个回合）→完成并提交论文终稿→论文评审（查重）→评审通过→论文答辩1→论文答辩2（争议答辩）→答辩通过→论文成绩评定→论文正式装订、提交和存档。具体而言，学位论文的写作步骤包括选定课题和制定研究策略，查阅资料和拟定参考书目，开题报告交由导师审核直至通过。

7.2.1 选定课题和制定研究策略

学位论文的选题应在导师指导下进行，首先要考虑选题意义，其次要考虑创新性，再次要结合学生的基础条件和兴趣偏好选择恰当的题目。一个好的选题要有丰富的参考资料，资料具有多样性，可以进行客观评价和深度研究。因此，在学位论文选题时，要注意对资料进行评估并得出可信的结论，避免争议性选题。要有足够的相关资料，而且这些资料是可获得的，避免范围过宽的选题、只有一个资料来源的选题，以及完全依赖个人观点和经验的选题。

题目选好后，首先要做的事情就是要认真考察自己对所选题目的了解程度，列出一些问题，确定哪些是你已经掌握的事实与观点，以及你自己是什么观点，从而进一步确定该从何处着手。然后明确搜集资料的范围。要知道自己已经掌握了哪些资料，还需要增加、补充哪些资料以及在什么地方、通过何种渠道来获取需要的资料。资料的来源一定要有保障，使论文写作可以顺利进行。一旦资料来源不畅，就应该重新考虑选题。

制定写作计划与时间表，写作计划包括选题的确定、资料的搜集与筛选、阅读资料及论文初稿的撰写与修改。写作时间表的制定要综合考虑写作计划的内容、步骤以及写作方法。总体时间安排与阶段性时间安排等多方面的因素，要根据学校论文写作的各项安排和提交论文期限的规定来分别确定，明确写作计划中的哪一项先做，哪一项后做。时间安排合理紧凑，并适当留有余地。学位论文写作成功与否，受到许多因素制约，但如果制定并严格执行了详细、合理、可操作性强的写作计划与时间表，对所选论题研究深透，掌握丰富的资源信息，就能够顺利实施和完成规定的任务。

7.2.2 查阅资料和拟定参考书目

题目选定后，要对所选题目进行分析，进而围绕选题搜集参考资料，了解和掌握所选课题的典型权威研究成果，从中汲取不同观点、论据、数据以构建论文的理论框架，确定论文的主要观点、主要论据和写作框架。学生可以根据自己对所选论题已有的了解拟定一份参考书目，根据这份书目进行资料的搜集。搜集资料的两大来源是图书馆和因特网。在图书馆搜集资料的优势是，图书馆的资料都经过分类编目，易于检索，而且由于图书馆的资料都是正式出版的图书与刊物，权威性高、可靠性强。图书馆和因特网上的资料大多是二手资料，如果选择的选题是实证性研究方面的，那么除了要在图书馆和因特网上搜集资料以外，可能还需要通过诸如采访、做问卷调查或进行语篇分析等方法来生成自己的第一手资料。搜集资料工作基本完成以后，要对已获得的资料进行处理。这包括对所获得的资料进行评估以确定哪些是最有可能阐释主题的资料，浏览资料，判断其观点和信息的种类和适用范围以及资料的相关性和可信度，尤其是来自因特网上的资料，一定要仔细筛选，去芜存菁。对可信度的判断可以从以下几个方面入手：资料来源于何处？作者是否是该领域的专家？作者的观点是否公正合理？资料是否撰写得很好？

7.2.3 开题报告审核

在开题报告的各个项目中，最重要的是论题、文献综述、论文大纲和参考文献四个部分。在引言部分应列出论文的结构性纲目,分为部分/章节等若干层次,概述论文的中心、重点、主要观点和结论等。在论文写作过程中,要根据需要继续搜集、补充资料,对引用文献必须注明来源和出处,包括作者姓名、文献题名和类型、出版地、出版商/出版社、出版日期等。将论文的初稿及提要送交指导教师审阅,根据导师提出的修改意见进行修改,直到在导师指导下定稿为止,然后按规定的规格和份数将论文打印成稿,并在规定时间内交稿。

7.3 学位论文基本结构与内容

7.3.1 学位论文组成部分

学位论文的内容主要包括标题、作者、摘要、关键词、论文正文、参考书目、致谢。大多数高校均要求学生提交按照规定格式排版装订的纸质论文。除纸质学位论文外,学生毕业和申请学位时还需要提交学校规定的任务书、开题报告、中期检查报告和答辩评分表等。一般而言,学位论文主要包括以下几个组成部分。

(1) 标题

学位论文标题应该非常准确,尽可能简短和醒目,最好能涵盖全文论题及主旨,恰当反映所研究范围的深度与广度。一般而言,学位论文标题以 10~15 个汉字为宜。

(2) 目录

学位论文的目录又称为写作提纲,提纲主要由论点和论据组成,以词组、短语或小句的形式出现,能体现论文框架。在学位论文目录的拟定中一定要考虑所在机构的要求,以及不同部分之间的逻辑关系和层次结构。

(3) 前言

学位论文的前言可视为目录的扩展或正文的概要,应以句法完整的句子连贯而成的段落形式呈现,该部分的主要内容包括论文的学术价值、社会价值和实用价值,论文的主要内容及层次安排。

(4) 正文

学位论文按目录和前言所规定的顺序撰写正文,正文应以说理和举例等多种方式详尽阐释各分论点。学位论文的正文既要注意各论点、各段落的层次分明性,又要注意其自然衔接和连贯性。

(5) 结论

学位论文的结论包括每章小结和全文总结两个部分。在每章小结中要求概括出本章所取得的主要研究成果，得出重要结论，并且要指出作者在本章中所进行的创新工作，取得创新成果。全文总结常用的标题有结论、结束语、结尾语、全文总结与展望等，通常是对全文研究工作进行总结并展望今后研究方向。

(6) 注释

学位论文既要反映作者解决具体研究课题的能力，又要体现作者掌握、运用学术理论的深度和广度。因此，适当引用他人关键学术理论和观点是必要的。如果除引文外，还需提供更具体的情况，而又不易于纳入自己的正文中，则在论文后另设注释栏。

(7) 主要参考文献

参考与自己论题有关的中英文学术性著作、学术性期刊上所发表的论文，是撰写论文前必走的最关键一步。列出参考文献的目的之一是调查研究选题是否已有人论述过，目的之二是研究选题和现有成果相比的异同，目的之三是发现现有研究不足并对其改进。

7.3.2 学位论文结构设计

写好学位论文的第一步是要设计一个合理的论文框架结构，设计时应遵循以下几条基本原则。

(1) 紧扣主题

设计论文框架结构之前，要确立好中心论点以及中心论点之下有哪些次要论点，还要确定以何种角度、何种方式立论，在此基础上，各章节的安排就要围绕中心论点及其之下的次要论点层层展开，主次分明，不另生枝节，为全文的写作打下坚实的基础。

(2) 逻辑严密

学位论文是思维活动的体现，要展示的是对所学专业中某一论题的研究结果，在写作中要充分揭示所研究对象自身固有的规律。要达到这一目的，论文结构的安排一定要具有严密的逻辑性。只有论文框架结构设计得逻辑严密，各部分关系自然合理，才能写出理论严谨、逻辑严密、经得起推敲的毕业论文。

(3) 层次清晰

学位论文内容反映的是论文作者对论题的完整研究过程，要充分展示这个过程，需要完整的结构。设计一个完整的框架结构，要求谋篇布局合理，使整篇文章层次分明，脉络清楚，起承转合，首尾呼应，一以贯之，使论文的各部分和谐而有机地组织在一起，共同完成揭示主题的目标。

7.4 学位论文写作步骤

经过确定选题、搜集资料和构建论文框架几个步骤之后，就可以着手写作论文初稿了。开始写作之前，必须确保论文主题已经非常明确，论文框架已经非常清楚，严格符合逻辑，用以支持自己观点的资料已经充分齐备。

7.4.1 确立论点

论点是论文的研究中心，是引起读者关注或争论的问题，更是贯穿全篇论文的主线。实际上，在搜集资料、拟定论文题目的时候，论文的论点就已经显现甚至基本确定了。确立论点时要把握三字原则：准、新、深。准是指所确立的论点必须符合客观实际，能够反映客观事物的本质。新是指所提的论点要有开创性，观点新颖或视角新颖，能够给人带来新的启迪。深是指论点有深刻的内涵，有值得进一步挖掘的东西。掌握了这个三字原则，接下来要做的就是形成明晰简练、具有强大说服力的主题陈述句。主题陈述句表达文章的主要观点，有助于形成文章的全局概念，整合搜集到的文献资料并合理使用这些资料。好的主题陈述句需要经过反复尝试和修改，直至自己的主要观点能够得到明确、具体的表达，这是一项基础性的工作。

7.4.2 确定论文结构

确立好论点、写好主题陈述句之后，就要确定论文的结构。首先要将搜集到的文献资料进行分类，每一类信息要与论文的一个主要章节对应。在阅读文献资料的时候，最好能写一份研究笔记，记录文献资料的要点、主要观点、次要观点、论据等，记录自己对这些观点、论据的认识及态度，是赞成还是认为有值得探讨商榷之处等。仔细审读这些研究笔记，发现资料之间的联系。排列主要及次要观点以便确定讨论顺序。对所搜集到的论据也要进行分类，要选择合适的论据，并在此基础上列出写作提纲。撰写提纲时要细致地排列观点，注意层次与措辞。主要观点的拓展构成论文的各个章节，而次要观点往往以段落主题句的形式出现。每一个观点都以论据（细节、数据或理论）支持。在提纲中要能体现出哪些是主要观点，哪些是次要观点。同等重要的观点应该用平行的标题来体现（按照各个观点的重要程度分为一级标题、二级标题、三级标题等）。

7.4.3 草拟论文

撰写学位论文初稿时可以遵循以下方法。

（1）拟定只有两三个段落的论文摘要，说明学位论文将要阐述、分析的主题是什么。写这个摘要的目的是使自己明确写作方向，讨论问题不至于跑题。

（2）从最有把握的章节开始写作，跳过感觉无法按时完成的章节，哪怕是引言部分也可以放到以后再写。

（3）每个章节都要围绕自己的观点展开，从陈述观点开始。合理使用文献资料中的理论、事实、具体例证或统计数据来支持自己的观点和分析。如果所引用的专家观点有分歧，应采取公正的态度来处理，切忌带有任何偏见。如果在写作过程中自己形成了新的观点或看法，也要大胆运用。

（4）合理分配写作时间，比如在某一个时间段只写一章或一节。也许在搜集、整理、理解消化资料时已草拟了一些重要的段落（这是一个很好的习惯），当正式开始写作时，可以把这些段落恰当地融合进去。当某个章节已经开始形成时再进行整合。

（5）每完成一个部分，要仔细审读，认真思考措辞是否得当，理论是否正确，理论的运用是否合理，例证、数据是否真实可靠，论据是否具有强大的说服力。这一部分与业已完成部分之间的联系是否紧密，是否合乎逻辑。

（6）引用他人理论、观点时，要随时按照论文规范要求细致地标注其出处，以避免过后花更多时间一一查明出处。要谨慎处理资料，谨防造成抄袭。

7.4.4 修改论文

初稿完成并不意味着论文就完成了，还需要进行反复修改，方可写成合格的定稿。修改初稿，要修改什么？一是内容，二是形式。从观点到方法到论据，还有论文结构及语言表述方式，尽量达到内容与形式的完美统一。初稿写好后不要马上修改，最好是间隔几天，使自己能够跳出写作初稿时形成的思维定式，从而能够以新的视角对初稿重新审视，发现不足甚至是失误之处。当然，这也需要学生在制定写作计划时对这个环节做出安排。

动手修改论文之前，要先通读一遍，检查有无重大错误或遗漏。修改时，要考虑如下问题。

（1）主题陈述句是否很好地描述了主题和观点。

（2）引用的材料是否全部阐明和支持了自己的观点？是否能很好地体现了观点的重要性？观点的排列是否明晰？

（3）次要观点是否不切题？如果是，你要如何解决？

（4）观点是否合理？是否明白和清楚？是否需要对术语和概念加以解释？

（5）所有引语的来源出处是否都已标注清楚？

适当订正观点，使之更鲜明、更准确和更深刻；调整论文结构以控制好各章节篇幅比例的平衡；增删材料使其得到更合理的运用；润色语言以去除错误、语病、歧义及含混不清、空洞无物的表述，统一全篇语言风格，增加文采。具体怎样修改常取决于个人的写作习惯，重要的是学生必须知道要修改什么。经过反复修改形成定稿之后，还需要对论文进行最后的校订。学位论文的写作需要学生入乎其内，而修改和校订则需要学生出乎其外，以一个陌生读者的身份和眼光去完成。

小　结

学位论文与学术论文既有相同的一面也有不同的一面，本章从学位论文的概述着手，从学位论文的分类、特点和差异写起，在此基础上对写作目的和写作要求进行分析。再从选题和制定研究策略、查阅资料和拟定参考书目以及开题报告审查对写作步骤进行介绍。在学位论文基本结构部分对学位论文组成部分、学位论文结构设计、学位论文格式进行介绍。最后，从确立论点、确定论文结构、草拟论文和修订论文等方面对学位论文修改进行介绍。

练　习

1. 掌握本校的学位论文写作要求。
2. 掌握本校学位论文的写作结构。
3. 掌握学位论文的修改方式。
4. 尝试对自己的学位论文选题。
5. 尝试编写自己学位论文的大纲。

8 文献综述写作

8.1 文献综述写作内涵

8.1.1 文献综述写作问题

目前,对于初学者而言,文献综述写作问题主要包括以下几个方面。①将文献综述写成背景介绍。在选择研究问题的时候,需要了解该问题产生的背景和来龙去脉,如"信息技术应用于教学的发展历程""任务型英语教学法的演变"等,这些内容属于"背景描述",关注的是现实层面的问题,严格讲不是"文献综述"。②将文献综述写成成果汇编。一般初写者容易犯此毛病,将材料堆积罗列,缺少整体线索。往往看到一篇文章,就按照原有的内容框架加以概括、浓缩。各项研究之间没有进行归类、比较。③缺少作者自己的价值判断。文献综述要带着作者本人批判的眼光来归纳和评论文献。如果过于追求所谓的"原汁原味",综述会缺少作者自己的价值判断。④文献综述未加以评论。文献综述是评论性的,要指明已有研究成果及尚存在的研究不足,而不仅仅是相关领域学术研究的"堆砌"。⑤其他的细小问题。主要包括标题不醒目、摘要不清楚、关键词不准确、文献代表性不够和穿插过渡性话语不自然。由此,文献综述写作需要瞄准主流,随时对新文献进行动态整理,按照问题组织文献综述,详"述"略"评"且明"述"暗"评"。综述包括两种,第一种是大综述,即就某个领域的文献做出的全面总结,属于真正意义上的三次文献,经常会发在专门的 Review(评论)杂志上,或者体现在年鉴里。综述的第二种是小综述,其典型代表就是毕业论文的综述部分和学术论文的综述部分。小综述事实上是一次和三次文献的混合体,作者并非想向读者全面介绍某学科的前沿,而只是想以此为由,介绍自己的学术观点或切入研究主题。

8.1.2 文献综述写作步骤

文献综述也称文献阅读报告,英文称之为 Survey、Overview、Review,是在对某一特定学科或专题文献进行搜集、整理、分析与研究的基础上,撰写出的关于某个学科或某专题的文献报告,它对相关文献群进行分析研究,概括出该学科或该专题的研究现状、动态及未来发展趋势。文献综述可遵循以下写作步骤。

(1) 选题

选题是写好文献综述的首要条件。选题要从实际出发,具有明确的目的性,在理论或实践上有一定意义。文献综述的题目不宜过大,越具体越容易收集资料,从某一个侧面入手,容易深入。

(2) 搜集资料

文献资料是撰写文献综述的物质基础,选定综述的题材后要大量搜集和阅读有关中文和外文文献,文献越多就越好写,综述的质量就越高。选择文献应先看近期的(近3~5年),后看远期的,在广泛阅读资料的基础上,再深入阅读几篇有代表性的文章,必须找到原文阅读,有权威性的文章应细读。在阅读文献过程中应做好读书卡片或笔记,为撰写综述准备资料。

(3) 整理资料

综述不是众多文献资料的堆积,而是作者在阅读了一定量资料的基础上,根据资料的重要程度进行细读,抓住其主要观点和结论,对掌握的资料进行分析、综合,先列出提纲,写出各级的大小标题,然后将观点相同的资料分别归入有关问题,并排好顺序。综述要如实反映原作者的观点,不能任意改动,但对引用的资料也要加以选择,不可能把搜集和阅读过的所有资料都写进去,应有所取舍。

(4) 写作

根据写作提纲,逐项将内容展开,并注意观点与内容一致。在写作过程中,可根据需要调整结构和补充内容。论述观点时,作者可有倾向性,但不同观点也应列出。力求做到主题明确、层次清楚、数据可靠、文字精练、表达准确。

8.1.3 文献综述写作结构

文献综述要求向读者介绍与主题有关的详细资料、动态、进展、展望以及对以上方面的评述,一般都包含前言、主题、总结和参考文献四个部分。撰写文献综述时可按这四部分拟写提纲,再根据提纲进行撰写。

(1) 前言

主要说明写作的目的,介绍有关的概念及定义以及综述的范围,扼要说明有关主题的现状或争论焦点，使读者对全文要叙述的问题有一个初步的轮廓。

(2) 主体

综述的主体写法多样，没有固定的格式。可按年代顺序综述，也可按不同的问题进行综述，还可按不同的观点进行比较综述，不管用哪一种格式综述，都要将所搜集到的文献资料归纳、整理及分析比较，阐明有关主题的历史背景、现状和发展方向，以及对这些问题的评述，主体部分应特别注意代表性强、具有科学性和创造性的文献引用和评述。

(3) 总结

将全文主题进行扼要总结，最好能提出自己的见解。

(4) 参考文献

虽然放在文末，但却是文献综述的重要组成部分。它不仅表示对被引用文献作者的尊重及引用文献的依据，而且为读者深入探讨有关问题提供了文献查找线索。因此，应认真对待。参考文献的编排应条目清楚，便于查找方便，内容准确无误。

8.2 文献综述写作模板

综述写作本无定则，本部分主要针对本科生和硕士生文献综述写作难的实际，目的是要教会学生综述的精神和本质。怎么教较为合适？现阶段可以尝试模仿和套用模板的方法。但是要告诉学生为什么现阶段要提供模板，而以后科研应该弃用这些模板，实现灵活综述。在实际使用中，学生可选择符合自己综述习惯或选择自己擅长的方式进行综述。

8.2.1 按照研究逻辑综述

(1) 摘要。对研究对象简明扼要地概括，指出研究对象的作用或本质。基于此，探究本课题在哪些方面（分维度）具有什么样的研究意义。利用现有的哪一或哪些基本理论（基本方法），对研究主题进行了哪些方向（研究视角）的研究，得出了什么样的（结论），明确了本研究主题的研究内容，指出本研究的应用方向或创新方向。

(2) 关键词。关键词一般 3~5 个，突出研究主题的显性和隐性的核心概念。

(3) 序言（引言）。通过探究本主题的现有理论研究或实践应用的局限，找到本主题研究的着手点或研究视角，对该研究对象的本质做一概括。由文献梳理指出以前没有对本研究对象进行重视和利用，本研究将从哪些维度或哪些视角对其进行深入研究，对该领域的应用、发展或创新会带来什么样的价值。

（4）**研究对象的种类**。通过研究对象的运行过程（也可以是机制、模型、框架等，根据实际情况确定）中产生的不同现象或不同结果对其进行分类。

（5）**研究对象所涉及的理论及演化**。不同阶段或不同人物所提出的相关理论以及这些理论随着研究主题或研究对象的演化过程进行总结和归纳。

（6）**研究主题的现有研究现状**。通过总结前人对本研究主题的相关成果和结论，结合本研究方向，提出本研究主题的研究切入点并深入分析和探究。在实际写作中，也可以简要地提出本研究主题未来可能切入的方向、可能涉及的研究内容、可能涉及的创新方向、可能涉及的关键路径及技术等。

（7）**研究结论**。对本研究方向予以肯定，对重点研究结论进行简要总结，指出本研究的价值和意义。

（8）**参考文献**。按照题录的格式进行文内和文后标引，注意学术规范、学术道德和学术伦理。

8.2.2　按照研究层次综述

（1）**摘要部分**。从研究对象或研究主题涉及的基本概念开始，将其与相关研究主题的概念进行对比。通过对研究对象的体系结构或体系架构的归总，从多个维度对本研究的主题进行归纳，并对本研究主题从模型构建（或其他）角度进行研究，最后指出研究主题核心领域的发展现状，提出本主题的研究方向或创新方向的建议。

（2）**关键词**。一般设置 3~5 个，突出研究主题的显性和隐性的核心概念。

（3）**序言（引言）**。指出本研究对象对于解决现代社会中相关问题的价值和意义，从国外和国内的相关研究成果和关注点出发，指出本研究的进展和不足，引出本研究选题的依据，指出其理论意义和现实意义。

（4）**研究对象的起源与发展**。对研究对象的起源及发展进行陈述，再对国内外研究现状进行归总。

（5）**研究主题相关概念解析**。对研究主题相关概念的定义、基本特征和概念间的关联关系进行总结。

（6）**研究对象的体系架构**。以前述综述为基础，对研究对象的体系架构进行深入研究，包括：研究现状、研究不足以及研究建议等。

（7）**对研究主题进行深入研究**。按照研究对象的体系或模型从功能属性视角展开论述。

（8）**结束语**。指出本课题的研究意义、研究价值和研究视角。

（9）**参考文献**。按照题录的格式进行文内和文后标引，注意学术规范、学术道德和学术伦理。

8.2.3 按照对象功能综述

（1）**摘要部分**。开门见山地指出研究主题的本质，并对研究主题的研究目的和意义进行简要的概括，然后介绍了本综述所做的工作，以及对本文工作的总结。

（2）**关键词**。一般设置3~5个，突出研究主题的显性和隐性的核心概念。

（3）**序言（引言）**。从国内外研究视角对研究对象的发展和演化进行梳理和归纳，从微观层面指出本研究主题现有研究的不足，引出未来研究方向，给领域内的研究者指明本研究主题未来的宏观及微观研究趋势。

（4）**研究对象的本质及研究意义**。以剥洋葱的方法对研究对象的功能结构及演化进行分析和归纳，指出研究对象或研究主题的本质以及研究的目的或者研究的意义。

（5）**研究的概况与进展**。按地域分类的时候首先看看这样分是不是有实际意义，如研究对象或者研究主题在美国、日本和欧洲等国家和地区的研究并无实际显著差异，则不应从该角度进行细分，再尝试从其他角度细分，这是科研训练的过程，学生的能力需要慢慢地提升，然后汇总为本研究主题的整体综述。

（6）**关键问题及相关研究**。根据所研究对象的属性，从专业角度进行细分后综述，找到不同视角的关键问题，再进行归总。（实现从漫无目的到有意义的综述）。

（7）**研究对象的发展前景**。从研究主题，特别是核心研究对象的研究意义出发，对研究前景分层次、分维度进行综述。

（8）**参考文献**。按照题录的格式进行文内和文后标引，注意学术规范、学术道德和学术伦理。

8.2.4 按照研究主题综述

（1）**摘要**。开门见山地指出本文对研究主题进行了综述。着重指出本文所做的核心工作，指出研究主题的某一个或某几个方面，并说明其在实际工程中的应用。

（2）**关键词**。设置3~5个，突出研究主题的显性和隐性的核心概念。

（3）**序言**。通过对现有研究成果的梳理指出本研究主题现有研究不足的几个方面。由此，指出解决这些问题的方法，不仅找到本研究主题的切入点，且介绍了本综述所做的工作以及本文的价值和意义。

（4）**研究对象的历史回顾**。对研究主题的发展和演化进行回顾，重点对研究主题多个分主题的发展演化进行梳理和归总，指出本研究的核心研究点，并对其进行重点梳理。

（5）**结论**。描述和总结本文的工作，指出本研究主题的未来研究方向。

（6）**参考文献**。按照题录的格式进行文内和文后标引，注意学术规范、学术道德和学术伦理。

8.2.5 按照研究热点综述

（1）**摘要**。对研究对象或研究主题的本质进行揭示，指出研究主题的价值和意义，对本文所做的工作，特别是研究内容、研究过程和研究方法进行陈述。

（2）**关键词**。设置3~5个，突出研究主题的显性和隐性的核心概念。

（3）**引言**。简要地指出本研究主题的价值和意义。通过对本研究主题研究热点的梳理，指出现有热点研究的不足，根据不足引出本研究的方向。

（4）**研究对象的基本原理及工艺改进**。以研究对象的基本原理为聚焦点进行系统地梳理，指出本研究的原理，并基于此对研究对象的工艺进行研究，提出改进的方向或者是改进的思路。

（5）**研究主题的深入研究**。根据研究对象或者研究主题的属性特征，分层次、分维度进行深入研究。

（6）**总结和展望**。指出未来该主题的研究价值及研究方向。

（7）**参考文献**。按照题录的格式进行文内和文后标引，注意学术规范、学术道德和学术伦理。

8.2.6 按照技术发展综述

（1）**摘要部分**。开门见山地指出研究的目的和意义，以及为了达到这一目的本文所做的相关工作（介绍如何综述的），最后指出本研究结论对于实际应用的意义。

（2）**关键词**。关键词设置3~5个，突出研究主题的显性和隐性的核心概念。

（3）**序言（引言）**。通过引言对本研究主题（或者是研究对象）的发展过程、演变过程等的论述，一方面对本主题研究给予肯定，另一方面通过论述指出现有研究的不足，如果不及时进行研究可能存在的危险、危害，指出本主题已到了非研究不可的地步，突出其研究价值和研究意义。

（4）**研究对象概述**。对研究对象从宏观发展的视角给予综述，总结其类型、特征、模型、体系结构等（根据所研究主题的实际确定）。

（5）**国外研究进展或概况**。对地区1（所列一定是领域研究的权威地区）、地区2、地区3、地区4等分别进行综述（根据实际选题分析从这一角度综述是否具有实际意义，如果不具备实际意义，自己再运用头脑风暴或者思维导图等方法选择综述的视角），重点突出研究主题和研究对象的某一个或某几个方面。

（6）**国内研究进展或概况**。从与国外对比的角度对国内研究的进展和概况进行综述。

（7）**结论**。指出该主题的研究成果国外已得到很好的应用，国内正在加紧赶上国外研究的步伐，对本文研究工作进行总结，指出本主题研究的经济效益和社会效益。

（8）**参考文献**。按照题录的格式进行文内和文后标引，注意学术规范、学术道德和学术伦理。

8.2.7　按照主题特性综述

（1）**摘要**。对研究主题或研究对象价值进行简要的说明，从回顾历史的角度，也就是按照研究的时间节点对研究主题的特性进行综述，得出研究结论，指出研究方向。

（2）**关键词**。设置3~5个，突出研究主题的显性和隐性的核心概念。

（3）**引言**。对研究对象或研究主题划分时间段，这个划分是根据相应的文献（现有成果）或者基于大家的共识，梳理不同阶段研究主题的特性，指出已有研究中的不足，而这个不足正是论文研究的切入点，进一步突出论文具体研究的价值。

（4）**研究对象的技术途径及动态**。从研究对象或研究主题的规划、结构、效率（这些根据研究主题或研究对象具体确定，针对性要强）出发进行研究，并系统地进行梳理和归总。

（5）**切入本研究**。从多个层次和多个维度进行系统地梳理和归总，维度和层次的选择体现的是研究者对本学科的理解以及对现有文献梳理和归总的能力，需要长时间的训练。

（6）**结论**。对研究主题或研究对象的本质进行概括，指出研究中的不足，为未来进一步深入研究寻找方向。

（7）**参考文献**。按照题录的格式进行文内和文后标引，注意学术规范、学术道德和学术伦理。

8.2.8　按照三段式综述

（1）**摘要**。阐述了对研究对象进行该主题研究的基本思想、理论依据、理论成果及实际应用情况，指出未来研究方向。

（2）**关键词**。设置3~5个，突出研究主题的显性和隐性的核心概念。

（3）**引言**。简要地对研究对象或研究主题进行概括，从研究对象、研究主题的内容出发，找出现有研究中的不足。

（4）**研究对象理论**。按照研究主题发展和演化的逻辑顺序对研究对象或研究主题进行系统性的梳理或归总。

（5）**研究对象的工程应用**。对研究对象在实际中的应用分层次或分维度进行综述，揭示出本研究主题的研究价值和研究意义。

（6）**研究结论**。肯定本研究主题的研究价值，指出本研究主题的未来研究方向。

（7）**参考文献**。按照题录的格式进行文内和文后标引，注意学术规范、学术道德和学术伦理。

8.2.9　按照理论研究综述

（1）**摘要部分**。对本研究的价值进行概括，指出近年来该研究主题的研究状况，明确综述获得的重要观点，指导后续的研究。

（2）**关键词**。设置3~5个，突出研究主题的显性和隐性的核心概念。

（3）**引言**。指出研究主题的价值和意义，指出该研究主题受到广泛的重视，现有研究从不同侧面和层面对研究主题进行了揭示。为了进一步促进该研究主题或研究对象的学习，总结了该主题的研究成果，有利于建立相关理论，并且为建立该理论提供依据和基础。

（4）**理论研究**。对该研究主题不同层次的概念的解析、含义的理解及研究主题的发展和理解功能等进行综述。

（5）**实践研究**。根据具体的研究主题分层次或者维度进行综述，如从学习研究、教学研究、培养研究、应用研究进行综述。

（6）**进一步研究的思考**。指出未来该主题的研究价值，并从研究内容、研究方法等维度进行思考。

（7）**参考文献**。按照题录的格式进行文内和文后标引，注意学术规范、学术道德和学术伦理。

8.2.10　按照问题求解综述

（1）**摘要**。开门见山地指出研究主题的本质，从研究主题面临的问题出发，对研究主题或研究对象从多个层次进行系统地分析，指出本研究的结果，对未来研究方向进行规划。

（2）**关键词**。设置3~5个，突出研究主题的显性和隐性的核心概念。

（3）**引言**。随着行业和应用的发展，出现了许多新的问题，进而指出本研究主题的重要性和必要性，并规划本研究的具体思路。

（4）面临问题的分析。从不同层次或不同视角分析研究对象或研究主题所面临的问题。

（5）对相关研究问题进行综述。从多个视角或者多个维度出发对上述提出的问题或者基于上述提出的问题进行归纳和分析，总结出本主题可以借鉴的内容。

（6）下一步研究工作的内容或方向。根据本研究的实际情况，选择针对性的维度对本主题以及本研究对象未来研究的方向或研究内容进行归纳和总结，指出未来研究的方向或视角，以供领域内学者进行深入研究。

（7）结论。对本研究能解决什么问题、有什么价值和什么意义等进行总结。

（8）参考文献。按照题录的格式进行文内和文后标引，注意学术规范、学术道德和学术伦理。

8.2.11　按照常规方法综述

（1）摘要。对研究主题及研究对象的本质或价值进行简单的归总，指出本研究的意义和方向，对本研究的方法或者本研究的综述过程进行介绍。

（2）关键词。设置3～5个，突出研究主题的显性和隐性的核心概念。

（3）引言。提出本研究对象或本研究主题的相关问题，并对研究主题和研究对象进行细化，在对现有研究细化分析中找到本主题研究的不足或者缺陷，找出研究或综述的突破点。

（4）研究对象深入研究。按照学科专业知识，从针对性的维度和层次展开对研究主题和研究对象的细化梳理和归总，并对研究进行归总。

（5）结语。本研究的内涵外延，本研究存在的不足，本研究的未来研究方向。

（6）参考文献。按照题录的格式进行文内和文后标引，注意学术规范、学术道德和学术伦理。

8.2.12　按照研究对象综述

（1）摘要。开门见山地指出研究对象的来源及本质，指出本文的综述方向或者综述范围，并对研究主题进行评论。

（2）关键词。设置3～5个，突出研究主题的显性和隐性的核心概念。

（3）序言（引言）。对研究对象进行简要的概括说明，指出其本质和意义。然后针对研究对象的发展，对研究对象的相关理论或相关成果按照研究的先后顺序进行综述，对这些研究成果进行肯定。同时，根据现有时代、环境、技术或其他等的变迁指出现有研究的不足，找到本研究主题的切入点。

（4）**研究对象的历史回顾**。对研究对象国内外相关研究成果或者实践应用进行系统地梳理，对研究主题的研究现状有一个轮廓。

（5）**研究主题的理论研究概况**。从研究对象的基础、结构、操作、对比等角度进行深入研究，并进行简单的总结和概括等。

（6）**结论**。描述了本文的工作，指出研究对象的本质，以及研究对象在目前研究中存在的问题，以及未来研究的方向。

（7）**参考文献**。按照题录的格式进行文内和文后标引，注意学术规范、学术道德和学术伦理。

8.3 文献综述写作方法

8.3.1 提高认知力求完美

管理专业论文要求管理人员运用所学知识，理论联系实际。综述反映作者对客观事物的认识，而客观事物是丰富多彩、曲折复杂的，认识它不容易，反映它更困难。这种困难一方面是客观事物本身内部矛盾有一个逐渐显露过程，它的发展是曲折复杂的。另一方面来源于认识受各种主客观条件的制约，在认识过程的各个阶段中稍有疏忽，就容易出现片面性和主观性。

人的认识不可能一次就达到完善的程度。客观事物是复杂的，要认识深刻，反映准确，就需要反复修改。初稿只是"毛坯"，需要对其内容和形式进行认真修改，把不必要的内容毫不留情、毫不手软地删除，使内容和形式更趋完善统一。修改所需时间，有时超过起草所需的时间。要使论文的观点正确、论据可靠、论证有力、文笔流畅，就必须认真严格修改。一般而言，综述至少需要四稿：腹稿、初稿（草稿）、修改稿、定稿。因此，从某种意义上可以说好文章是修改出来的。

综述的修改，一般包括观点的订正、材料的增删、结构的调整和语言的润饰等几个方面。首先应该把注意力集中到思想内容方面。①检查中心论点及其分论点是否已被准确、鲜明地表达出来。②材料是否充分、妥当、有说服力。③表现形式：检查材料安排与论证过程是否合理，层次段落、过渡照应是否恰当。④句子是否能够准确表达内容，用词是否正确。最好还能注意到论述的形象性和趣味性，使文章增添一些文艺色彩。

8.3.2 论据充分论证合理

在论述中要运用典型事例，并能做到数据确凿可靠。论据是证明论点的理由和根据，它是为论点服务的，它担负解决"用什么证明"的任务。用来作为论据的材料有两大类。①事实材料。该类材料包括具体的现实材料和历史事实以及经验、统计数字等概括的材料。事实胜于雄辩，事实要真实，必须是客观存在的；事实要典型，具有代表性。②理论依据。该类材料包括名人名言、权威经典和科学原理（科学定义、法则和规律、一般的公理、常识和成说等）。引用经典名言要符合原著的确切含义，不断章取义。引用科学原理要认真分析，看是否有普遍意义。新观点需要由新论据来支持，对管理专业论文来说，新论据通常不是史料也不是经典著作中的言论，而是生产实践经验。实践经验可能很多，但不能全部拿来，要选择典型性的、有代表性的作为论据。论证合理可以从两个角度加以阐释。其一是在行文结构上展开论证要做到合理，其二是在某一个事实论据的论证上要做到合理。

8.4 文献综述修改方法

8.4.1 边写边改贯穿始终

修改从形式上看是综述写作的最后一道工序，是文章的完善阶段。但是从总体来看，修改贯穿整个写作过程。写作一般可分为四个阶段，在每一个阶段都应该加强修改方面的锤炼。

（1）**酝酿构思中的修改**。综述写作之前，要酝酿构思打腹稿，修改就要从这里开始。如确立中心、选择题材、布局谋篇等，都要经过反复思索，有分析也有综合。这不落笔端的修改，却决定着通篇的成败，腹稿改得好，写起来少走弯路。如果确定了一个严密的提纲，搭起一个好架子，文章结构就不会有大变动。所以动笔前一定要深思熟虑，不要信笔写来再作大改。

（2）**动笔后的修改**。落笔以后就进入细致的思索过程，形象思维与逻辑思维交用，有事理的推断、形象的探索、层次的划分、段落的衔接、句式的选检、词汇的斟酌和推敲。各方面都可能经过反复分析、对比、抉择，在改换取舍一些词语、句式、层次、段落之后完成初稿，这就是边写边改、边改边写的阶段。

（3）**初稿后的修改**。综述写成之后，要逐字逐句、逐层逐段审读，作通盘的修改。在修改中不仅要斟字酌句，还要考虑材料取舍、层次安排、结构组织、中心的表达，等等。

（4）**在指导老师指导下修改**。指导老师审阅后，对草稿的优点给予肯定，并指出全文的不足。作者根据指导老师的意见修改初稿。

在综述初稿写出后，作者的着眼点可以从局部写作转到总体审视，居高临下地检查，推敲中心论点的表达是否突出，各层次、段落的安排是否妥当。另外，作者的立足点可以从撰写者转换到读者方面，比较超脱地对论文各个部分评头论足、挑三拣四，更客观和更严格地认真思考，反复推敲，使论文进一步趋于成熟和完美。

8.4.2 综合运用炼石成金

一般说来，作者的综述初稿都不是尽善尽美的，有必要进行认真的修改和润色，正如唐朝李沂所说："能改则瑕可为瑜，瓦砾可为珠玉"。下面介绍几种常用的改稿方法。

（1）诵读法。初稿写成后，试着诵读几遍，一边读，一边思考，并把文气不接、语意不顺、缺字少词的地方随手改过来。诵读可以发现许多毛病，对演说词、讲话稿及文学作品比较适合。叶圣陶先生十分推崇这种"诵读法"，鲁迅先生写完文章后，总要先读读，"自己觉得拗口的，就增删几个字，一定要它读得顺口。"可见诵读法实在是一种简便易行、效果显著的方法。

（2）比较法。比较是认识事物的有效方法。把自己的初稿和同类文章中的优秀范文对照、比较，反复揣摩，分析得失，然后加以修改。在改好文章的同时，容易领悟写作之道，提高表达水平。这种方法适合于对各类公文的修改，初学写作者不妨一试。

（3）搁置法。对初稿一时改不好或把握不足时，可以先搁置一段时间，等到头脑冷静、思路清晰开阔后，再拿出来看看。这时，一些毛病就有可能很快被发现，像鲁迅先生说的："等到成后，搁它几天，然后再来看看，删去若干，改换几字。"此法的缺陷，是对急需文稿不太适用。

（4）旁正法。"三人行，必有我师焉"。自己改不下去时，可以请旁人帮助修改，或听取他人修改意见后，自己再动手改。白居易说过："凡之为文，私于自是，不忍于割截，或失于繁多，其间妍媸益又自感，必待交友有公鉴无姑息者，讨论而削夺之，然后繁简当否得其中矣。"总之，在修改稿件上，多听取各方面的意见，扬长避短，去粗取精，是大有益处的。

综述改稿之法因文而异，因人不同。以上方法，也不是单一的，实践中往往综合运用。综述不厌百回改，"写作的艺术，实际上就是把写得不好的部分删去的艺术"。写作者必须高度重视修改这一环，通过反复推敲、加工，使综述从内容到形式都趋于完美。

小　结

本章针对学生综述写作难的问题，从文献综述的写作方法入手对其进行介绍，然后设计了12套可供使用的文献综述写作模板，目的是要在短时间内提升学生的综述写作能力和写作水平。但综述模板并非禁锢，当管理类专业学生和从业人员研究能力和写作水平达到某一程度时，可以果断弃用模板。

练　习

1. 请选择1～2篇自己研究领域目标期刊论文或学位论文找到综述部分研读。
2. 利用其中一个模板尝试撰写综述文章。

9 管理类核心期刊及投稿

9.1 核心期刊及其评价指标

9.1.1 核心期刊简介

英国文献学家、化学家布拉德福(Bradford，1878—1948)在1931年首先揭示了文献集中与分散规律，1934年提出了布拉德福定律。该定律指出若将期刊按其刊载某专业论文数以递减顺序排列，再将期刊划分为载文量相等的三个区域，则可得出期刊数量比约为 $1:\alpha:\alpha^2$ 的关系。有人认为布拉德福定律是社会科学中普遍存在的二八律，即20%的核心期刊刊载了80%的重要论文。1967年联合国教科文组织研究了二次文献在期刊上的分布，发现75%的文献出现在10%的期刊中。1971年，科学引文索引(Science Citation Index，SCI)创始人加菲尔德统计了参考文献在期刊上的分布情况，发现24%的引文出现在1.25%的期刊上。这些研究都表明期刊存在核心效应，从而衍生了核心期刊概念。核心期刊可以定义为："某学科核心期刊是指刊载该学科学术论文较多的，论文被引用较多的，受读者重视的，能反映该学科当前研究状况的，最为活跃的那些期刊"。

目前中文类核心期刊的认定比较权威的有以下几种版本。①北京大学图书馆与北京高校图书馆期刊工作研究会联合编辑出版的《中文核心期刊要目总览》(以下简称《要目总览》)，《要目总览》收编包括社会科学和自然科学等各种学科类别的中文期刊。《要目总览》不定期出版，目前已经出版六版。②统计源期刊。中国科技信息研究所每年出一次的《中国科技期刊引证报告》(Chinese S&T Journal Citation Reports，简称CJCR)。CJCR按照美国JCR的模式，结合中国的具体情况，以中国科技论文与引文数据库（Chinese Science and Technology Paper and Citation Database，简称CSTPCD）为基础，选择国内1000多种中外文科技类期刊作为统计源。③中国科学引文索引（Chinese Science Citation Index，CSCI）或者中国科技引文数据库（Chinese Science Citation Database，简称CSCD），它是由中国科学院文献情报中心建立的，分为核心库和扩展库。④《中国人文社会科学核心期刊要览》。中文社会科学引文索引（Chinese Social Sciences Citation Index，简称CSSCI）收录期刊是由教育部社政司、17所重点高校专家和社科管理专家组成的咨询委员会、全国1000余位学科专家和南京大学中国社会科学评价中心共同评选后确定的。目前许多重点高校已将CSSCI的来源期刊作为本校人文社科教师科研评价的依据，教育部已正式将CSSCI作为重点研究基地评估、申报的依据之一。⑤《中国人文社会科学核心期刊要览》，由中国社会科学院文献信息中心研制，基本覆盖了我国人文社会科学的主要学术期刊，反映了我国人文社科论文的学术水平，是中国社会科学院认定的学术研究核心期刊，也是我国人文社会科学学术成果统计分析和文献评价研究的重要信息基础。中国社会科学院每年将对核心期刊进行更新补充，淘汰不符合核心期刊入选标准的期刊。

9.1.2 核心期刊评价指标

不同评价体系的核心期刊，其评价指标体系也不尽相同，且各指标在评价体系中的权重也不同。在许多指标中，最重要的有以下几种。

① 总被引频次。总被引频次指该期刊自创刊以来所刊载的全部论文在统计当年被引用总次数。可以显示该期刊被使用和受重视的程度，以及在科学交流中的作用和地位。

② 影响因子。影响因子是一个国际上通行的期刊评价指标，是 E·加菲尔德于1972年提出的。由于它是一个相对统计量，所以可公平地评价和分析各类期刊。通常，期刊影响因子越大，它的学术影响力和作用也越大，并已成为国际上通行的期刊评价指标。影响因子＝该刊前两年发表论文在统计当年被引用的总次数/该刊前两年发表论文的总数。

③ 即年指标。即年指标是表示期刊即时反应速率的指标，主要描述期刊当年发表论文在当年被引用的情况。

④ 被引半衰期。被引半衰期指该刊在统计当年被引用的全部次数中，较新的一半是在多长一段时间内发表的。引用半衰期和被引半衰期都是测度期刊老化速度的一种指标。这两种半衰期通常不是针对个别文献或某一组文献，而是对某一学科或专业领域的文献而言的。

⑤ 来源文献量。来源文献量指来源期刊统计当年的全部论文数，它是统计期刊引用数据的来源。

⑥ 基金论文比。基金论文比指来源期刊中，各类基金资助的论文占全部论文的比例，这是衡量期刊论文学术质量的重要指标。

⑦ 自引总引比。是中国科学技术信息研究所针对国内科技论文参考文献自引现象逐步蔓延的情况，于 2000 年 12 月专门制定的一项科技期刊评价指标。

⑧ 论文地区分布。论文地区分布是指来源期刊登载论文所涉及的地区数。这是衡量期刊论文覆盖面和全国影响力大小的一个指标。

9.2 管理类核心期刊

9.2.1 管理类中文核心期刊

《要目总览》自 1992 年第一版以来到目前为止一共出版了九版，即 1992 年版、1996 年版、2000 年版、2004 年版、2008 年版、2011 年版、2014 年版、2017 年版、2020 年版。如欲在《要目总览》所列期刊上发表文章，上述几个年份也正是关键节点。由于时效关系，如 1992 年核心期刊目录里所列刊物，只在 1992—1996 年间是核心期刊，如能被这些期刊录用最好赶在这个时间段内发表，否则会出现论文虽然是在刊物还属于核心期刊的时间段被录用，但是刊出的时候这个刊物已不是核心期刊了，文章的分量也会下降。如：《中国流通经济》在 1996 版是《中文核心期刊要目总览》的刊物，但是已不在 2000 年版核心期刊要目总览之中，如果在 1996—2000 年期间被该刊录用，但是在 2001 年发表则不属于核心期刊的文章，这样文章的分量会下降。所以在投稿前首先要了解各核心期刊在发表文章时是否还属于核心期刊。

《要目总览》在 2008 年以后改变为三年评选一次，也就是 2011 年出版的第六版。如在关键节点《要目总览》还没有出来，怎么知道欲投刊物是否还在下一版《要目总览》之中？鉴于此情况，作者可以直接在网上搜索到北京大学图书馆相关联系方式，然后咨询北京大学图书馆即可。每当最新版《要目总览》纸本出版之前，在网上就已经出现了所谓的《要目总览》电子版，这些电子版有的是正确的，有的是旧版本冒充新版本，甚至有一些不法分子故意篡改后放到网上，这时候需要提高警惕。还有一些刊物不知道从什么地方查到作者个人信息发来征稿函，在征稿函中会有一句："本刊是北大中文核心期刊（遴选）"如果不知道"遴选"的含义，则有可能发不了核心。在这里，遴选是指这个刊物只是当作《要目总览》的备选刊物,至于是否真的是《要目总览》刊物,还需要进一步确认。

2020版《要目总览》所列管理类专业刊物有《管理学报》等6种刊物。在经济管理类所列管理类专业刊物有《经济理论与经济管理》等9种刊物。除此之外,与管理类相关度较高的期刊还包括《数理统计与管理》等36种刊物。上述三类合计共有51种刊物,详细信息如表9-1所示。

表9-1 管理类中文核心期刊列表

序号	刊名	序号	刊名	序号	刊名	序号	刊名
1	管理学报	14	运筹与管理	27	南开管理评论	40	现代教育管理
2	管理科学学报	15	宏观经济管理	28	管理科学	41	中小学管理
3	中国管理科学	16	数理统计与管理	29	管理评论	42	教学与管理
4	管理工程学报	17	公共管理学报	30	经济与管理研究	43	高校教育管理
5	领导科学	18	中国行政管理	31	工业工程与管理	44	系统管理学报
6	现代管理科学	19	公共管理与政策评论	32	管理案例研究与评论	45	实验技术与管理
7	经济理论与经济管理	20	行政管理改革	33	技术经济与管理研究	46	中国医院管理
8	管理学刊	21	管理世界	34	管理现代化	47	中国卫生事业管理
9	科技管理研究	22	经济管理	35	商业经济与管理	48	中华医院管理杂志
10	华东经济管理	23	外国经济与管理	36	档案管理	49	中国护理管理
11	经济与管理评论	24	农林经济管理学报	37	科学学与科学技术管理	50	林业资源管理
12	科学管理研究	25	农业经济与管理	38	科研管理	51	土木工程与管理学报
13	当代经济管理	26	农业经济管理学报	39	研究与发展管理		

9.2.2 CSSCI来源期刊

中文社会科学引文索引也称CSSCI,是南京大学中国社会科学研究评价中心开发研制的数据库,用来检索中文社会科学领域的论文收录和文献被引用情况。CSSCI来源文献检索系统是国家、教育部重点课题攻关项目。CSSCI遵循文献计量学规律，采取定性与定量评价相结合的方法从全国中文人文社会科学学术性期刊中选出学术性强、编辑规范的期刊作为来源期刊。CSSCI 来源期刊从 2008 年起增设扩展版至今。

学术规范量化指标包括期刊篇均引用文献数量、基金论文比例、作者地区广度、标注作者机构论文比例以及本机构论文比例（该指标只针对高校学报）。这些指标主要用来反映期刊中论文平均研究深度（篇均引用文献数、基金论文比）、期刊的学术规范（篇均引用文献数、基金论文标注、作者机构标注）、期刊作者影响面（作者地区广度、本机构论文比）等。这些指标反映了期刊主观方面的学术水平和学术规范，体现了期刊的办刊质量，是衡量期刊学术规范与学术含量的几个重要方面。

被引指标主要包括被引次数、被引速率、影响因子、被引广度，前三项指标均被细分为总体、学科和他引三个方面，如总被引次数、他刊引用次数和本学科论文引用次数。这三类下级指标分别反映了期刊总的学术影响、对其他期刊的学术影响和在本学科内的学术影响。因此，可以说这些下级指标分别从不同角度更加合理、全面地考察了期刊的学术影响，避免了只用某一个方面指标带来的反映期刊学术影响的偏差。另外，被引广度和其他三项指标不同的是它反映了期刊的学术扩散度。

Web 即年下载率指标是指期刊在某一刊物全文数据库中当年出版并上网的论文在当年被全文下载的次数与该期刊当年出版并上网论文总数之比。它反映了期刊被人们阅读的频率，较好地反映了期刊在读者中的扩散程度。这相对过去靠发行量来考察期刊的扩散度是一大改进，而且可以说这种扩散更加真实地反映了期刊中论文流通和被读者阅读的情况。应该说，这一指标使所有刊物处在同一平台上竞争，因为读者不是单纯根据自己掌握和了解的有限期刊去找文章，也可能是从主题去查文章，避免了读者对期刊的可获取性和主观认识的偏差，保证了每一种期刊相对读者而言获取机会都是相等的。

CSSCI 来源期刊目录每两年更新一次，评价指标和评价体系也在不断地创新和改进，它是借鉴了 SCI 来源期刊评价指标和评价体系的产物，更具有科学性和先进性，目前大多科研机构和院校更看重的是 CSSCI。2021—2022 年管理学 CSSCI 来源期刊包括《管理工程学报》等 40 种刊物，其他学科类别中包括管理类的刊物有高校教育管理（教育学），经济理论与经济管理（经济学）、经济与管理研究（经济学）和商业经济与管理（经济学），数理统计与管理（统计学），信息资源管理学报（图书馆、情报与文献学）6 种，合计 46 种刊物。列表如表 9-2 所示。

表 9-2　管理类 CSSCI 来源期刊列表

序号	刊名	序号	刊名	序号	刊名	序号	刊名
1	管理工程学报	13	会计评论	25	软科学	37	中国科学院院刊
2	管理科学	14	会计研究	26	社会保障评论	38	中国软科学
3	管理科学学报	15	会计与经济研究	27	审计研究	39	中国行政管理
4	管理评论	16	经济管理	28	审计与经济研究	40	组织与管理
5	管理世界	17	经济体制改革	29	外国经济与管理	41	高校教育管理
6	管理学报（湖北）	18	科技进步与对策	30	系统工程理论与实践	42	经济理论与经济管理
7	管理学报（台湾）	19	科学管理研究	31	研究与发展管理	43	经济与管理研究
8	管理学刊	20	科学决策	32	预测	44	商业经济与管理
9	电子政务	21	科学学研究	33	证券市场发展季刊	45	数理统计与管理
10	公共管理学报	22	科学学与科学技术管理	34	治理研究	46	信息资源管理学报
11	公共管理与政策评论	23	科研管理	35	中国管理科学		
12	宏观质量研究	24	南开管理评论	36	中国科技论坛		

另外，2021—2022 年管理类 CSSCI 扩展版来源期刊包括了 16 种，其他学科和管理类相关的刊物有 7 种，将其列表如表 9-3 所示。

表 9-3　管理类 CSSCI 扩展版来源期刊列表

序号	刊名	序号	刊名	序号	刊名	序号	刊名
1	财务研究	7	华东经济管理	13	运筹与管理	19	农林经济管理学报（经济学）
2	当代经济管理	8	科技管理研究	14	智库理论与实践	20	农业经济与管理（经济学）
3	地方治理研究	9	科学与社会	15	中国科学基金	21	现代教育管理（教育学）
4	公共管理评论	10	社会保障研究	16	中国人力资源开发	22	中国环境管理（自然资源与环境科学）
5	管理案例研究与评论	11	系统管理学报	17	经济与管理（经济学）	23	中小学管理（教育学）
6	宏观经济管理	12	行政管理改革	18	经济与管理评论（经济学）		

9.2.3　双核心期刊

在上述两类核心期刊中，既是中文核心期刊又是 CSSCI 来源期刊的双核心期刊作为本文重点介绍的期刊。另外由于两类统计的重点不同，某些 CSSCI 来源期刊可能也是中文核心期刊，某些中文核心期刊也可能是 CSSCI 来源期刊，但在上述表格中并未列出。通过对表 9-1 和表 9-2 的综合分析，形成了管理类典型的双核心期刊 20 种，将其列表为表 9-4。

表 9-4 管理类双核心期刊列表

序号	刊名	序号	刊名	序号	刊名	序号	刊名
1	科研管理	6	外国经济与管理	11	经济与管理研究	16	管理世界
2	南开管理评论	7	数理统计与管理	12	经济理论与经济管理	17	管理评论
3	中国行政管理	8	商业经济与管理	13	经济管理	18	管理科学学报
4	中国管理科学	9	科学学与科学技术管理	14	管理学刊	19	管理科学
5	研究与发展管理	10	科学管理研究	15	管理学报	20	管理工程学报

9.3 管理类期刊投稿信息

上文从中文核心期刊和 CSSCI 来源期刊两个角度综合分析了管理类期刊，通过对相关科研工作人员和在读硕士研究生征求意见，共得到经常投稿的 12 种管理类中文双核心期刊。如表 9-5 所示。

表 9-5 管理类中文双核心期刊

序号	刊名	主办单位	国家自然科学基金委认定的期刊等级
1	管理世界	中华人民共和国国务院发展研究中心	A 刊
2	中国管理科学	中国优选法统筹法与经济数学研究会;中国科学院科技政策与管理科学研究所	A 刊
3	管理科学学报	天津大学;国家自然科学基金委员会管理科学部	A 刊
4	管理评论	中国科学院大学	A 刊
5	管理工程学报	浙江大学	A 刊
6	管理科学	哈尔滨工业大学管理学院	A 刊
7	南开管理评论	南开大学	A 刊
8	科研管理	中国科学院科技战略咨询研究院;中国科学学与科技政策研究会	A 刊
9	科学学与科学技术管理	天津市科学技术发展战略研究院	B 刊
10	管理学报	华中科技大学	B 刊
11	研究与发展管理	复旦大学	B 刊
12	外国经济与管理	上海财经大学	—

9.4 管理类期刊投稿系统

9.4.1 玛格泰克投稿系统

一种刊物如想采用玛格泰克公司研制的系统可以提出试用申请，试用后还可以提出本编辑部的个性化需求。玛格泰克公司根据刊物提出的要求进行个性化设置。上述所列 12 种期刊中，使用玛格泰克公司研制的系统较多，如表 9-6 所示。

表 9-6 管理类期刊投稿系统使用情况

序号	刊名	投稿系统类型	序号	刊名	投稿系统类型
1	管理世界	中国知网	7	南开管理评论	勤云采编
2	中国管理科学	玛格泰克	8	科研管理	玛格泰克
3	管理科学学报	勤云采编	9	科学学与科学技术管理	玛格泰克
4	管理评论	玛格泰克	10	管理学报	玛格泰克
5	管理工程学报	中国知网	11	研究与发展管理	勤云采编
6	管理科学	勤云采编	12	外国经济与管理	玛格泰克

如上所列 12 种刊物中有 6 种刊物投稿系统是采用了玛格泰克公司研制的系统，占 50%。本部分以《科学学与科学技术管理》为例对投稿系统进行阐述。

在浏览器地址栏中输入《科学学与科学技术管理》官网网址，或者采用百度搜索该期刊官网，如图 9-1 所示。该期刊官网页面左侧设置作者投稿查稿、专家在线审稿、主编在线审稿和编辑在线办公 4 个按钮引导不同身份人员进入系统。期刊官网中间部分为期刊介绍和当前目录，在其右侧有微信公众号二维码和通知公告等。在页面中间上方还设置检索框，包括了简单检索和高级检索功能。该期刊官网菜单区域包括了期刊介绍、编委会、投稿指南、期刊订阅和联系我们。

图 9-1 《科学学与科学技术管理》官网

欲投稿的作者可点击页面左上角的"作者投稿查稿"按钮链接进入投稿系统页面，如图9-2所示。在图9-2中，若首次使用该系统，需要进行注册，已经注册的可以在页面右侧作者登录区域输入注册的用户名和对应的密码，如果忘记密码可以输入注册时使用的电子邮箱，点击"发送"按钮，进入到注册电子邮箱就可获取密码。

图 9-2　投稿系统页面

首次使用该系统，首先要进行注册，则需要点击右侧的"注册"按钮进入到注册页面，如图9-3所示。

图 9-3　作者注册页面

在图9-3中，填写相关信息，对于必填的项目必须填写。另外输入的信息应该真实、准确，最后点击"下一步"按钮进入下一个页面。

如图9-4，该页面提示注册是否成功。如果提示注册成功，作者还可以进入到系统修改个人信息，注册者一定要记住用户名和密码。点击"直接进入作者中心"链接，或在图9-2"作者登录"区域输入用户名和对应密码进入系统。

图 9-4　作者注册成功提示

输入注册时使用的用户名和对应的密码,并点击登录按钮进入作者工作桌面,如图 9-5 所示。

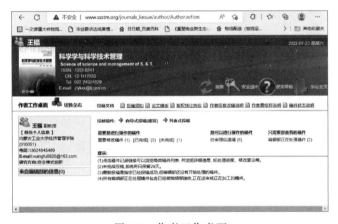

图 9-5　作者工作桌面

图 9-5 左上侧显示作者注册信息,左下侧显示编辑部公告。在中上方可以查看到投稿须知、论文模板、版权转让协议、作者投修改稿说明、作者看校样说明、稿件状态说明。中间是两种投稿方式,一种是向导式投稿方式,一种是列表式投稿方式,前者是系统建议的投稿方式。其下方可看到目前编辑部对当前作者所投稿件的处理情况,点击各类链接可以查看详细情况。如刚成功投了一篇稿件,会在最新投稿后的括弧里显示新投稿的数量。新投稿表示编辑部还没有对稿件进行处理,未完成的投稿会在未完成投稿的后的括号里显示这类文章的数量,作者可以进行继续投稿。在图 9-5 中,打开只需要作者查看的稿件如图 9-6 所示。

在图 9-6 中,可以看到文章正处于"外审"或"待发表"状态,并列出文章的稿件号、文章名称、作者姓名、交稿日期、审稿费和版面费。如想查看详细信息,

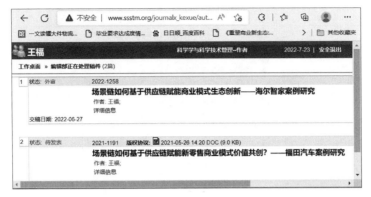

图 9-6 稿件简要信息

则点击作者下面的"详细信息"链接进入到下一页面。如点击图 9-6 的第 2 篇稿件进入图 9-7 所示的页面。

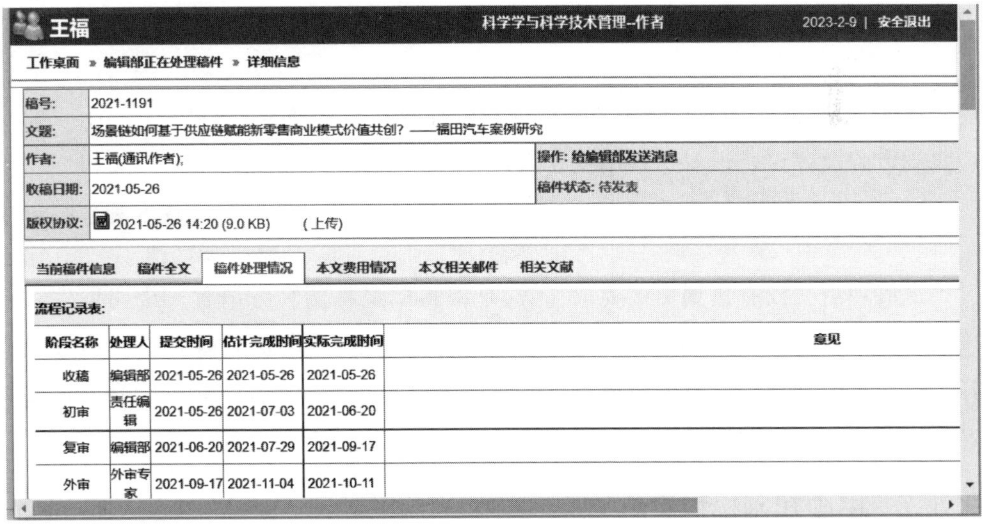

图 9-7 某一稿件处理流程

图 9-7 显示了该稿件的基本信息和被编辑部处理的流程信息。收稿阶段是从 2021-05-26 到 2021-05-26，也就是该阶段在投稿的当天就完成了。初审阶段是从 2021-05-26 到 2021-06-20，也就是该阶段在投稿的一个月左右完成。第三阶段编辑部对文章进行复审，复审预计时间是从 2021-06-20 到 2021-07-29，实际完成时间为 2021-09-17。第四阶段是外审，编辑部选择同行专家对论文进行评审，预计时间是从 2021-09-17 到 2021-11-04，实际完成时间为 2021-10-11。编辑部根据外审专家的意见进行复审，下一步该文章可能面临退稿、退修、可刊状态之一。最后本稿件被处理的结果如图 9-8 所示。

退修	编辑部	2021-10-13	2021-11-20	2021-10-27	建议论文从如下方面进一步提高： 1）论文对实证对象一般性的分析过程较多，理论上的抽象和升华略显不足； 2）3.1提出了价值创造路径设计，3.2提出了价值创造实现路径，这二者之间是什么关系，逻辑上是不是存在冲突，请深入思考； 3）以论文研究的实质性内容来看，篇幅较为冗长，表述上也不利于读者逻辑性的连贯理解，应大幅压缩，并力图直接而显著的凸显作者的研究发现。 [详细意见] **作者上传：** 2021-10-27 07:51 修改说明 (14.63 KB)	**作者上传：** 2021-10-27 08:05 (1.19 MB) 2021-10-27 08:06 (1.6 MB)
外审	外审专家	2021-11-03	2021-12-13	2021-12-01		
主编评审	主编	2021-12-03	2022-01-02	2021-12-31		
退修	编辑部	2022-01-01	2022-01-31	2022-01-16	[详细意见] 1.什么是场景链，2万多字文章，一直没有直接作定义，包括这一概念的由来，国内外研究，对创新与企业管理的意义，都没有分析。2 第一部分的扎根理论，缺乏对扎根自身的场景分析，这些数据那时，何处，与谁交流获得数据，都没有交待 3.基于扎根理论后，最后得到的理论贡献点是什么？论文有交待，但不具体，与后面的分析脱钩。第2部分，似乎独立成篇。从扎根理论结论到图2的出现，之间需要紧密联系。建议参考：管理世界2016第9期文章，品牌粉丝因何而狂热？"nbsp;——基于内部人视角的扎根研究 ¤新代平 王新新 姚 鹏 紧扣场景链，价值共创，进行再修改 **作者上传：** 2022-01-15 20:44 修改说明 (17.0 KB)	**作者上传：** 2022-01-16 09:23 (1.69 MB) 2022-01-16 09:23 (1.27 MB)
主编评审	主编	2022-01-17	2022-02-16	2022-01-28		
待交版面费	编辑部	2022-01-28	2022-02-07	2022-01-28		
待发表	编辑部	2022-02-10	2022-04-16	2022-02-17		

图 9-8　稿件最终处理结果

如果文章被退稿，《科学学与科学技术管理》投稿系统会自动往注册邮箱发送退稿邮件，其内容就是退稿意见，打开注册邮箱会收到退稿邮件如下。

《科学学与科学技术管理》退稿通知单

＊＊＊老师：

您的来稿《O2O 商业模式场景化创新机理及其路径研究》（稿号：2019-1042）经我刊审阅及评议，没有达到用稿要求，具体意见请见投稿系统。

科学学与科学技术管理编辑部

2019-10-20

退稿理由"没有达到用稿要求"。这是编辑部退稿的官方语言，说明稿件对于该刊物的要求还相距甚远。稿件被一个刊物退稿，并不代表文章的质量不行或不好，投到其他刊物也许就可能被录用，所以投稿时除了要关注刊物的级别外，更需要研究刊物对稿件的偏好，做到有的放矢。

9.4.2　中国知网投稿系统

中国知网开发了期刊投稿系统，期刊可以根据实际情况决定是否采用中国知网开发的投稿系统。中国知网投稿系统的优点是可以利用其查重功能，流程简洁明了。中国学术期刊论文投稿平台按照基础科学、工程科技、农业科技、医药卫生、哲学与人文科学、社会科学、信息科技经济与管理科学分类。中国学术期刊论文投稿平台在该页面右侧设置有投稿百科和写作指南，方便初次投稿的作者，该平台页面如图 9-9 所示。

以《管理工程学报》投稿系统为例，其首页左上方设置新版稿件系统模块，包括了投稿人登录、审稿人登录、编辑在线办公和账号注册等功能，页面左下方的投稿指南包括了投稿规范与格式示例、论文模板（投稿）、论文模板（录用排

图 9-9　中国学术期刊论文投稿平台

版)、版权协议和版面费和订阅等功能,其页面中上方是刊物介绍,其中下方为专栏征稿以及当期目录和网络首发,页面右侧为新闻公告和微信公众号,如图 9-10 所示。

图 9-10　管理工程学报首页

如图 9-10 所示,点击投稿人登录,进入管理工程学报的中国知网投稿系统登录页面,该页面对于不同期刊大同小异,可以在页面上传图片和公告信息。在该页面设置投稿须知、版权协议、论文模板、首页和联系方式等菜单。页面中部为账号登录选项,包括用户名和密码,当忘记密码后可以找回密码。在登录页面中下方设置"注册"按钮和自荐为本刊审稿人链接,在页面右下方为公告,如图 9-11 所示。

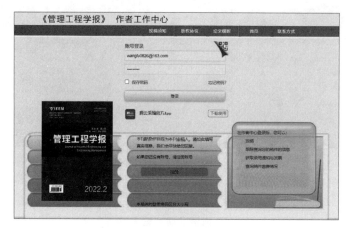

图 9-11 中国知网投稿登录页面

在图 9-11 所示的页面,输入用户名和密码登录系统,系统登录后包括了三个模块,第一个模块为稿件处理,包括了待修改稿件、已投稿件、草稿和我的其他投稿,第二个模块为费用管理,包括了审稿费、版面费和作者稿费,第三个模块为约稿处理,包括了待回应的约稿请求、待提交的约稿稿件和已提交的约稿稿件,页面右侧为导航式投稿。在该页面上方可以变换作者身份,如作者、编辑、主编和外审专家等,页面下方包括了投稿须知、版权协议、论文模板、联系方式和首页等链接,如图 9-12 所示。

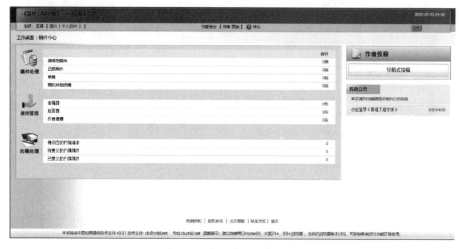

图 9-12 中国知网投稿系统

在图 9-12 中，点击"已投稿件"进入稿件详细页面，如图 9-13 所示。该页面左侧是稿件中心，包括我的稿件管理、我的费用管理、我的约稿管理和投稿，中间是已投稿件信息。

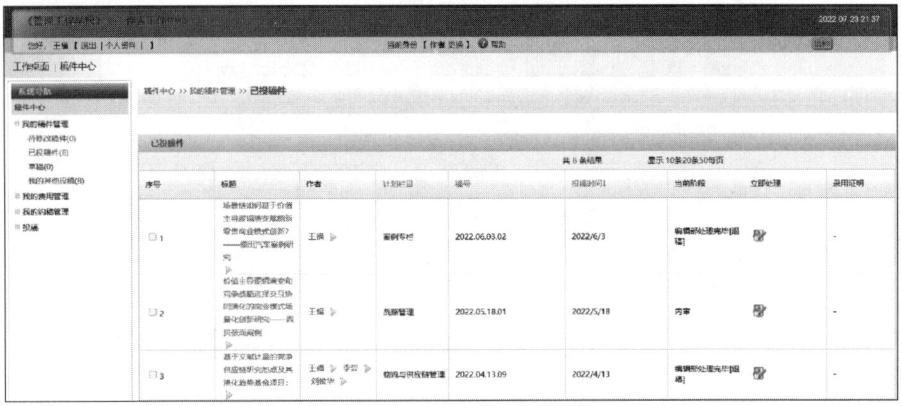

图 9-13　稿件详细信息页面

在图 9-13 中，点击第二条信息后的"立即处理"图标，进入到稿件处理流程页面，如图 9-14 所示。

图 9-14　稿件处理流程页面

在图 9-14 中，目前该稿件经过初审、初审修改、初审修回，进入到编辑部内审阶段。

9.4.3 勤云科技投稿系统

以《南开管理评论》为例，对勤云采编系统进行介绍。在浏览器地址栏或者通过百度搜索找到《南开管理评论》官网，如图 9-15 所示。

图 9-15　南开管理评论官网首页

在图 9-15 中，左侧设置了用户登录模块，包括了作者登录、编辑登录、审稿登录和读者登录 4 个按钮链接。在页面上方包括了首页、期刊介绍、编委会、开放获取、稿件投递、稿件查询和联系我们等功能。在页面中间设置期刊简介和文章快速检索。在页面右侧设置了信息公告。点击"作者登录"进入图 9-16 的页面。

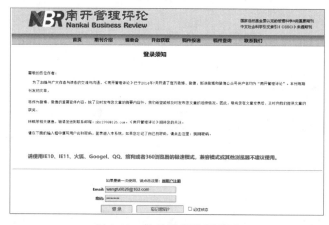

图 9-16　勤云采编登录页面

在图 9-16 中，最上方是登录须知，下方是用户名和密码，还提供了忘记密码和记住状态等功能。在该页面输入用户名和密码，点击"登录"进入投稿页面，如图 9-17 所示。

图 9-17 勤云采编投稿页面

在图 9-17 中，上方是最新消息、提交新稿、待修改稿和稿件查询功能，在页面左侧是返回主页、修改信息、角色、修改密码和退出功能。点击其中一篇文章进入详细处理流程页面，如图 9-18 所示。

图 9-18 详细处理流程

如图 9-18 所示，这篇文章经历了两次外审退修，修改后通过主编终审得以录用。

9.5 管理类期刊投稿经验

9.5.1 投稿最佳时机选择

对于普通研究人员，尤其是刚从事科研的工作人员，如果能在一定程度上把握时机可以提高稿件的命中率。投稿最佳时机为以下几点。第一，职称评审之后投稿。一般选择职称评完后投稿，职称评审前编辑部一般会堆积大量稿件，相对而言，这一段时间稿件被录用的可能性会较小。第二，选择年前后和放假前投稿，这段时间大家都会参加一些娱乐休闲活动，如外出旅游、聚会，投稿的人较少，稿件被选中的可能性大。第三，课题结题后投稿。在各类科研基金项目结题时间前会有大量的投稿，所以这个时间段的稿件也会增加，稿件被选中的可能性相对较少。

核心期刊目录会随着时间发生变化，某一刊物在某一个时间范围是核心期刊，也许到了另一个时间范围就不属于核心期刊，此时发表的论文自然也不属于核心。每年职称评审条件中会有"论文等各项业绩成果、计算机应用能力考试成绩单、继续教育审验卡取得时间截止到××××年YY月底"的要求，这个截止时间每年都不固定，这样就给要参评人员在这个时间段发表文章带来困惑。按照上述规定，××××年YY+1月发表的文章是算到下一个级别的评审还是本级别评审需要咨询职称评审的相关负责人员。

9.5.2 科学投稿一般方法

某一管理类期刊编辑从以下5个方面总结了科学投稿的方法。①选题要新。选题要新是指所投稿件选题要有新意。如果标题较为陈旧，缺少时代感，这样的文章编辑部基本上会直接退稿。所以，选题一定要紧跟管理理论研究和实践应用的前沿，紧扣社会关注的热点，要有时代感。②内容要具有创新性。整篇学术论文如果没有自己的思考，没有自己的观点，仅仅是简单罗列他人的研究成果，缺少自己独特的思想是很难被录用的。③结构要完整。文章的核心内容一般包括"提出问题→分析问题→解决问题"3个部分，这3个部分虽然各成体系，但是也要相互呼应，使整篇文章的逻辑性更为凸显，层次更为清晰。④注意行文逻辑。论文既是写出来的也是改出来的，作者在投稿前一定要精读论文多次，保证语义表达通顺、准确，避免词不达意、语句不通顺、错字等情况出现。⑤引用文献著录要规范。国内的期刊对引用文献的著录形式并未完全统一，但基本的主流著录内容包括作者、文献名称、文献类型、文献出处、出版日期和具体页码，具体格式在投稿前应该参阅欲投稿的期刊。总体而言，一篇好文章应该做到力求扎实、精工细作，并且有一定的深度和美感。

9.5.3 按要求修改文章

稿件经专家审阅，拟采用，将审稿意见和原稿件寄回作者处理，这种退稿称退修稿。若编辑部要求对审稿意见予以答复，作者首先要分析清楚审查意见的内容和实质，再经深入思考，写出书面答复。一般审稿意见内容包括：稿件的学术水平、理论和应用价值、存在问题、改进意见、是否录用等。作者对审稿意见应予以整理归纳，分清主次，择要答复。在复信中，作者对审稿意见同意与否应表示明确态度。对于吃不准的问题，要实事求是地说明。同时，可对修改方案作些说明，并上传修改稿。这样，可争取时间、早日定稿、发表。在实际修改中要考虑以下几个方面的修改。①根据其他部分的修改情况，确定是否要修改标题、中英文摘要。②作者简介一般写在题注下或文章末尾。除个别期刊有特殊要求外，作者简介一般按照姓名、性别、学历、职称、研究方向的顺序撰写，文章涉及通讯作者的还需要注明电子邮箱，文章涉及基金资助的还需要说明项目级别、项目类别、项目名称和项目编号，也有期刊不需要写明项目名称。③参考文献著录方面，要写全参考文献中的所有作者名字，国外作者要按照姓前名后的顺序书写，并且姓全写名缩写，如果不能确认何是名何是姓，请写全称，并说明。中文期刊的英文刊名要写全称，要检查正文中参考文献是否严格按照顺序编码引用，务必核对每一篇参考文献，保证引用无误。④图表的著录方面，图题、表题以中、英文对照形式著录。

为了提高作图质量，管理类刊物希望作者提供编辑部要求的图文件或作图用的数据，以下是某刊物对文稿中各图的具体要求。①请提供计算机作图文件，请用Origin生成的ORG或OPJ文件，用Excel生成的XLS文件。如果已将图插入在正文中并可以在正文中通过双击进入相应软件窗口对图进行修改则不必单独提供图文件，否则请单独提供这些图文件。②请提供作图用的数据，来稿中的图大部分是函数图（包括各种谱图），这些图都是由数据生成的。为了使作图更准确，请您提供作图用的数据（如果从您的计算机图文件或正文中可以得到该数据，则不必再次提供）。③请提供照片原件，提供的照片应为层次分明的黑白照片。

9.6 稿件如何通过初审

严格意义上讲，期刊的选稿应该是"不让一篇优秀的稿件漏选，不让一篇拙劣的稿件入选",同时应严格执行稿件"三审制度",切实做好稿件的初审、复审和终审工作。但是在编辑部的实际操作过程中,由于学术期刊编辑部人员相对较少,一般期刊的主编均为兼职,没有大量时间用于稿件终审,编辑部也不可能将全部稿件的取舍工作交给主编定夺。通常,主编会委托下放一部分权力,让编辑部在初审和复审中对稿件进行严格把关,留给主编终审的稿件只能是稿件中相对较为优秀的稿件。

作为学术期刊,受知识面限制,编辑不可能对所有学科的稿件进行完全准确的评价,只能参照专家意见以及稿件本身的写作等进行评判。稿件学术水平主要依靠外审专家评判,而稿件的写作水平、规范程度、写作态度等成为编辑部取舍稿件的重要因素。

比如,某专业核心期刊每年收到作者投稿 1300 余篇,而最后能够被录用的稿件仅 130 篇左右。编辑部 5 位编辑,每天要处理包括稿件的初审、送审、复审、大量校对工作以及各种编务工作,不可能对每一篇稿件都进行严格意义上的审读。其中,很多平常写作中不太注意的地方可能成为稿件被"毙"的原因。

9.6.1 态度决定一切

实际撰写中经常会遇到一篇文章投到编辑部犹如石沉大海的现象。有的编辑部偶有反馈:"您的论文论述太浅,建议入增刊。"甚至论文三次退修最后的意见是"改投他刊"或"退稿"。这时,切不可灰心丧气,在保持自信的同时,要分析文章存在的不足,不断改进,相信只要坚持,终会有成功的一天。有些作者投稿,经编辑部初评后认为质量尚可,但需作者做一些修改后可以送审,编辑部提供模板请作者参照修改。面对这样的机会,有的作者非常认真,严格按照模板进行编辑、整理,而有的作者态度非常不认真,简单回复"稿件已按照格式修改"。事实上,根本就没有进行实质性修改,这样的作者会给编辑部留下很不好的印象,就是做事不严谨,连简单的照模板修改工作都做不好,如果该稿录用后让作者修改,困难会更大,态度可能会更加"傲慢"。对待这类作者的稿件,编辑部一般会从严处理,而最终成功接受的可能性会比较小,因为连简单的格式问题都不能解决好的作者,稿件中其他问题也不可能少的。所以,好的态度是成功的一半。

9.6.2 养成良好的写作习惯

培养好习惯就是在追求优秀。追求优秀是一种积极的意识,这种意识可使一个人脱胎换骨,成就一个全新的你。作为一名作者,态度认真使你成功一半,而优秀的习惯也使你的成功之路更加平坦。良好的写作习惯包括在日常工作中静下心来多问几个为什么,通过反思存在的问题和不足,不断锻炼和提高自己的表达能力。还包括勤读勤写,深入了解所关心领域,不断查找、分析和整理相关资料。积累经验,提高研究层次,提升写作技巧。

9.6.3 检查稿件要素

编辑部老师审稿形成一个习惯，一篇稿件拿来，首先看题目有没有新意；其次，简单阅读摘要，看看作者做了什么工作，有什么意义；再次，看看作者的结论是什么，是重复摘要内容，还是提炼出了什么科学结论；然后，翻阅作者的参考文献部分，看看作者阅读文献的范围；最后才会阅读稿件的正文，看看图表是否清晰，写作态度是否端正，内容是否有创新等。稿件若想顺利通过初审，除了上述所提到的，投稿者还应注意以下几个方面。

(1) 标题醒目，但不哗众取宠。 标题当然要有冲击力，即所谓的醒目，但切勿哗众取宠。从题目中可以大概判断稿件是不是简单的重复工作，稿件有没有新意，这是对稿件的第一印象，一定要下功夫。做到既概括文章主题，又符合标题规范。

(2) 掌握写作特点。 内容摘要是了解文章思路及创新点的一个重要组成部分。审稿编辑一般会先阅读内容摘要，再进入正文。因此，摘要不宜过于简短，当然，也切忌长篇累牍，以本书作者的经验，摘要以 200~300 字为宜。

(3) 注重参考文献选择。 参考文献在文章中有很重要的地位。一般稿件质量的高低，与参阅的文献有很大的关系。文献阅读的深度、广度，在很大程度影响作者的写作思路和稿件的水平。一般建议作者尽可能引用近 3~5 年内（尽可能近 2 年内）相关主题国内外研究成果，特别注意的是要引用学科内优秀的期刊，要尽可能少引用低质量学术文献，避免以讹传讹。

9.6.4 投稿注意事项

(1) 切忌稿件网上传播。 编辑部有时收到一些稿件立意新颖，质量上乘，本已采用。但后发现，该文已在各大网站广泛转载，再刊登已无太大价值，编辑部最终会放弃。因此，建议作者在文章刊登前不要将其上传网络，至少等该文见诸刊物一个月后再上传。

(2) 掌握邮箱投稿技巧。 电子投稿有不少弊病。例如，电子投稿容易遗漏。编辑部公共电子邮箱每天收到上百封投稿邮件，还要转到各编辑的邮箱，经常遗漏。投稿主题要明确，最好是"××××单位＋××××作者＋投稿：＋稿件名称"。通过电子邮箱投稿的读者，不妨在投完稿后和编辑部取得联系，确认稿件是否登记。

9.7 目标刊物选择方法

投稿时要选择目标刊物，最重要的出发点是所在机构要求、专业对口性和目标读者群。

9.7.1 依机构标准选择

按照所在机构认可哪类核心期刊选择刊物发表论文。管理类专业人员应咨询本机构的人事处和科研处，了解和掌握本机构期刊选择标准，根据实际情况来选择刊物。目前不同机构执行不同标准，而且这些标准在不同机构的影响力也不一样，机构对它们的认可度也不同，有的机构是以《要目总览》为主，有的机构是以 CSSCI 为主。还有一些机构对刊物的级别进行了规定，选择刊物时需要查阅相关文件或咨询负责人员。

9.7.2 依据对口原则选择

在刊物对口性方面，管理类专业人员都积极在核心期刊发表文章，但是在对"核心"的理解方面有一定的差距。一个是该规定中没有说明核心期刊是以哪一个评价体系为标准。另一个是大家忽略了要求中核心期刊的专业性，规定中明确要求"专业"核心期刊，也就是说尽量不要在其他专业核心期刊和综合类核心期刊发表文章。规定有一定的含义：专业核心期刊的编辑、编审、副主编和主编都是专业类人士，且大都为学界知名学者，他们对专业期刊的编审更加准确和全面客观。所以建议大家在发表论文时尽量发表在这些期刊上面，还可以发表在具有管理类专业硕士点、博士点的高校学报上。

9.7.3 针对读者群选择

在目标读者群方面，作者最好在撰写论文前就做出向哪家期刊投稿的决定，这样就能针对特定的读者群来撰写论文。所选择的投稿期刊不同，论文的特定读者群不同。同样，如果先决定了向哪家刊物投稿，就可以按照这家刊物的要求来准备论文，而不必在写好后再行修改。如果选择了合适的刊物，就有机会让最适合的读者群阅读到论文，就能获得应有的同行认可。如果你投的刊物与你的研究工作没有太多关系，该刊物的编辑审稿人对你的专业研究领域知之甚少。他们对论文评价就可能很低或有欠公正。论文虽然被接受并发表出来，但是很快会发现并没有多少人知道这篇文章，在选择期刊的时候，要多了解情况，避免出现这类现象，从而真正实现科研成果的交流与推广。

9.8 稿件退修处理方法

管理类专业刊物一般审稿流程如图 9-19 所示，在审稿流程中有一环节为"退修"。稿件退修是在编辑初审、专家复审、编辑部初定、编委会定稿后进行，退修的目的主要是稿件有刊出价值，但稿件中还存在着一些需要与作者商榷的地方，责任编辑希望通过退修过程使稿件更完美。因此，作者应认真阅读退修信，对稿件进行修改补充。下面介绍针对"稿件退修"的修改方法。

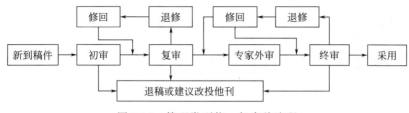

图 9-19　管理类刊物一般审稿流程

当作者收到退修通知后，首先要冷静阅读审稿人意见，对论文的重大不足之处，作者可考虑作内容补充或理论修正，当修改后已能解决实际问题时，把稿件返回到投稿系统中。退修意见为"修改后再审"及"修改后刊登"的处理方法相同，只是前者要做原则性的修改。修改意见一般都是逐条列出，作者应逐条回答，对正确的意见应认真修改，并逐条表明是如何修改的，增加删除了哪些内容。审稿人是本学科的专家，但未必是本课题的专家，因此所提意见未必全对，对因原稿没有写清楚而引起的误解可以进行解释，对应进一步讨论的意见，要用比较委婉的词句据理分析，用事实和理论进行讨论和解释。总之，对修改意见要勇于修正错误，也要敢于坚持真理，态度应虚心、诚恳，语言要婉转，又要有礼貌。

小　结

期刊的质量有高有低，因此在客观上是有级别的，但主观上又是很难评定的，在国内相对水平高一些的期刊常被称为核心期刊，核心期刊是进行刊物评价而非具体学术评价的工具。不同的评价指标体系下的核心期刊目录各不相同。国内外管理类专业核心期刊评价指标体系较多，且就某一类核心而言也会有不同的年代版本。本章在介绍管理类专业刊物基础上，重点介绍核心期刊的起源、核心期刊评价指标体系，然后介绍了国内的《要目总览》和《中文社会科学引文索引》，并就如何科学选择目标刊物投稿作了说明。

练　习

1. 请选择自己研究领域的目标期刊，并按照自己在该刊物发表文章的可能性由高到低排序。

2. 选择自己研究领域三种投稿系统的目标期刊，尝试进行投稿。

# 10 学术道德与学术不端

10.1 学术道德

10.1.1 学术道德内涵

　　学术道德是学术研究应该遵守的准则与规范。遵守学术道德的核心就是要讲学术诚信。人无信不立，国无信则衰，诚信是科研安身立命的根本，是国家兴旺发达的必需。维护学术尊严，加强学术道德建设，坚持严谨治学、力戒浮躁是每位研究人员努力的方向。在信息化深入的今天，计算机和网络技术为科研工作者提供海量的学术资源，数字化资源易于复制和粘贴的特点助长了一些人侵犯著作权人的权利，危害着学术健康。学术论文写作在某些急功近利、欺世盗名人的眼里，已经成为"复制＋粘贴"的代名词。剽窃就是把他人的观点或者表述当成自己的，这是剽窃最主要的特征。在学术和科研领域，剽窃等同抢劫。显然，照搬别人的文章或者大段复制别人的文章，都是很明显的剽窃行为。事实上，不当的引用和释义也极易造成剽窃行为的发生。培养学生对学术道德规范的尊重，增强学生对社会学术道德现象的分析能力，使学生能够用学术道德自觉地规范自己的学术行为成为高等学校教育的重要一环。

10.1.2 学术道德内容

　　学术道德是社会道德和职业道德在科学研究活动中的具体表现，主要是指科研活动中研究者应遵守的道德规范、行为准则和应具备的道德素质，表现为科研工作者在从事科学研究活动时的价值追求和理想人格，是科研工作者正确处理个人与个人、个人与团体、个人与自然、个人与社会、个人与国家之间相互关系的行为准则和规范。学术道德包括了学术诚信、学术规范、学术伦理、学术责任和学术精神五个方面的基本内容。

(1) 学术诚信

学术诚信是科学家开展实验的道德基石，是研究活动及其作用的内在要素。它是研究活动的核心，是研究人员相互信任、相信他人研究记录的基础。同样重要的是，它是社会对研究证据和专业知识产生信任的基础。学术不端行为不是无人受害的犯罪行为，而是损害声誉、事业的行为。坦率地说，没有诚信就没有科学可言。即使有同行评审系统、各级学术委员会的学术审查，但大部分学科赖以生存的基础依然是以公平和诚实的方式进行研究。伪造理想结果的诱惑可能很大，一旦实施不但损害研究者声誉，而且还可能损害行业和所在机构的声誉，弊远大于利。可悲的是，目前少数科研人员仍然在冒险，科研工作者需要对此保持高度警惕。

作为科研人员，不仅要杜绝伪造研究结果，还必须确保以合乎道德的方式开展研究，尊重他人的成果。科研工作人员所进行的任何研究都应符合其所在研究机构制定的道德准则，特别要注意是否可能涉及侵犯隐私。虽然多个科研团队从不同角度研究相似的问题是健康的研究方式，但还是要认识到相互剽窃造成的严重影响。信息时代带来的科学全球化使剽窃变得越来越容易，获取对方许可和认可对方贡献是构建良好科研环境和公平竞争环境的基本要素。如果初学者不确定自己的学术行为是否超越底线，不妨多学学所在机构制定的相关文件，向先辈多多请教，特别是向自己的导师请教学习，或者换位思考如果你的成果以同样的方式被滥用，将会感觉如何。作为初入科研领域的学生，相互之间应该尊重，确保每个人合法取得成果。

(2) 学术规范

学术规范是指有关管理部门约束研究人员、教师和学生在学术活动中，尊重知识产权和学术伦理，严禁抄袭剽窃，要充分理解和尊重已有的学术成果，并通过引证、注释等形式加以明确说明，从而在前人研究的基础上进行创新的准则。学术规范体现在整个学术实践活动中，是由学术道德规范、学术法律规范、学术写作技术规范和学术评价规范4个部分组成。①学术道德规范。学术道德是研究人员、教师和学生在科学研究活动中的心理意识和行为活动的总和，是依靠社会舆论、传统习惯和人们内心信念所维系的，并以善恶进行评价的规范。②学术法律规范。学术法律规范是指学术活动中须要遵守的国家法律。虽然我国尚无专门制定的学术法律法规，但是学术法律规范主要分散和体现在民法通则、著作权法、专利法等法律法规之中。③写作技术规范。写作技术规范是指在学术论文、学位论文和专著等的学术写作过程中，需要遵守相关规定和要求。目前，与学术写作技术规范有关的标准主要包括《科学技术报告、学位论文和学术论文的编写格式》（GB7713—87）和《信息与文献 参考文献著录规则》（GB/T7714—2015）两项。④学术评价规范。学术评价主要体现在基金项目的立项、各级各类学术评价、职称评定对科研成果的评价，以及科研人员的日常工作考核评价等场合。为了维护评价的权威性、科学性、可信性，学术评价需要建立相应的指标体系，制定科学的评价方法，确保评价工作的规范化。

(3) 学术伦理

学术研究中的伦理道德近年来引起越来越多的关注。学术伦理问题植根于科学家要研究的问题和他们使用何种方法获取有效的、可信的数据。这就意味着研究的每个阶段都会涉及不同层面的伦理问题。比如，研究本身、研究场景、研究程序、研究对象本身、获取的数据类型、如何处理数据等。在质化研究中，研究者采用的主要数据收集手段是访谈法、观察法和书面材料分析法。在这几种方法的使用过程中也涉及大量的伦理道德问题。例如，在开展正式研究前应向研究对象递交书面的声明、请求和保证。对访谈录音是否在受访者知情并同意的前提下开展。访谈问题是否涉及个人隐私及敏感话题。在实施观察时是否影响到研究对象的日常生活。获取书面材料是否征得当事人的同意，撰写实验报告时涉及的研究对象是否采用匿名等。在指导学生撰写毕业论文时，教师应该不厌其烦地提醒他们一定要遵守学术伦理，并做好相应的细节工作。例如，在布置学生们进行访谈练习作业时，需要事先提醒他们访谈之前要表明研究目的，并要征得被访谈者同意后才能录音。在指导硕士生初次写作时区分模仿和剽窃，使学生能很好地掌握两者之间的关系，把握好相应的尺度。此外，需要强调在撰写学术论文过程中一定要强化对学生的学术伦理教育环节，从原理和实践上把道理讲清楚。

(4) 学术责任

学术责任是指研究人员、教师和学生在从事学术研究过程中，在享有学术研究自由权利的同时，应当承担的相应义务。这意味着学术研究主体对自己应当承担的学术责任有清醒的意识，能够自觉履行应当承担的学术责任。学术责任表现非常广泛，主要包括知识责任、道德责任和社会责任三个方面。①知识责任。知识责任是学术责任的首要责任，这是因为学术活动是通过反复思考或试验，以获得增量知识或方法为目标且能够提供学理性解释的人类活动。学术活动自身要求科研主体首先具备知识责任意识，包括高深知识的选择与传授、学术发现与学术发表、指导学生、参与管理及其他活动，这些均体现大学教师承担的知识责任。②道德责任。从学术宗旨讲，要求科研主体在从事学术研究过程中必须以学术活动的标准为前提。

从他人权益角度讲,在从事学术研究过程中,要求科研主体用正当的手段从事学术研究,不得侵犯他人乃至社会公众利益。科研主体必须具备道德责任的意识,充分保障学术活动的宗旨、保障他人乃至社会的公众利益。③社会责任。狭义的社会责任是指科研主体对学术研究可能取得的成果是否存在消极影响或不良后果,要有一种预见性,以采取相应的措施加以避免。广义的社会责任还包括知识责任,即应当通过学术研究回报人民、回报社会和回报国家。

(5) 学术精神

学术精神是一种刻在学者骨髓中的内在学术价值。学术研究说到底就是探究自然科学、哲学和社会科学中的各种真理。从事学术研究的人,必须善于对获得的资料认真思考和分析,去粗取精、去伪存真,运用概念、判断、推理等形成理性认识。学术精神是一种造福于人类的精神、一种为人民服务的精神。一名学者要将自己的学术活动不断向前推进,必须具有造福人类的博大胸怀和无私奉献精神。学术精神也是一种自我否定、自我超越的精神。作为一名学者,其学术精神体现为以下4个方面。①强烈的求知欲。作为一名学者要从立志研究学问的那一天起,就手不释卷,笔耕不辍,且这种强烈的求知欲并不是表现在一时一地,而是相伴终生。②敢于怀疑的勇气。作为一名学者应该从怀疑开始。充满怀疑与变化,这是一名学者不惧权威、敢于独抒己见、融汇百家、打通古今中外、与时俱进、不断推陈出新的内在动力,也是产出高水平成果的重要秘诀。③提倡学术争鸣。作为一名学者应该欢迎和接受别人的批驳,需要营造一种讨论风气,使某一个人发现的问题成为大家都关注的问题,付诸学者共同解决。作为一名学者,对自己的错误和缺点的态度应该是一不修饰遮掩,二不强词狡辩,三应该修正的修正、应该取消的取消。④埋头苦干的态度。作为一名学者在研究中应该谨小慎微,稳扎稳打,从最小处入手,甘愿做苦工。如果不自己认定一个小的研究领域去做深入的工作,那么几乎没有了前进的可能。

10.1.3 学术道德表现

在科技论文的写作中,学术道德问题不容忽视,愈来愈受全社会关注。抄袭剽窃是目前最严重的学术道德问题。纵观学术发展史,已有多人因为抄袭剽窃行为受到了严惩。视情节轻重,对科研不端行为的处罚措施依次有警告、通报批评、限期整改、记过、禁止一定时期申请和执行国家科技计划项目、降职、解聘、开除等。随着我国学术建设的发展,一些学术失范和学术不端的行为仍然或多或少地存在着,并诱导学术风气的不良发展。这种学术道德失范、科研精神扭曲的现象,在一定程度上阻碍了学术进步和社会发展。规范的学术行为要求人们诚实、客观,它是保证论文创造性、科学性的根本。科研论文写作的学术道德表现在以下几个方面。

（1）实事求是的科研态度

实事求是是确保论文有效性的基础。一方面，实事求是指务实的科研态度。要求学术工作开展要脚踏实地、稳扎稳打，而正确的科研态度是学术发展的重要前提，只有科研工作者态度端正、求真务实，学术研究才会有其真正的意义。另一方面，实事求是要求坚持用唯物辩证法的立场看待问题。在进行课题研究时应做到立论客观、论据充分、论证严谨。

（2）求真务实的科研过程

正确的学术研究应贯穿整个科研工作流程，不应只把目光局限于结论的可用性，更应该把握科研过程中的每一处细节，对获得的每一项数据进行严密的分析，只有基于此获得的结论才具有可参考性。科研工作是一件需要耗费大量时间和精力的事情，有时即便投入心血，数据结果也不尽如人意。如此导致有些人选择了一条错误的道路，那就是伪造数据。这种做法严重违背了对科研过程求真务实的要求，扰乱了社会的学术风气，与正确的道路渐行渐远，终将受到严惩。

（3）参考文献的正确引用

参考文献作为科技论文中重要的组成部分，一方面为文中某些观点、论据、资料提供科学依据，另一方面也为读者提供了进一步研究的方向。参考文献的正确、合理引用，不仅表达了对科研贡献者劳动成果的尊重，使研究工作具有了继承性和连贯性，而且可以在一定程度上避免重复劳动。基于参考文献的引用，可以核实科技论文的创新性，从而考量论文的价值。

（4）论文署名的严谨规范

科技论文的署名是版权中的重要人身权利。论文署名应依据作者对论文贡献大小进行排序，一方面表示作者对前人科研成果的尊重，另一方面也意味着作者对论文内容负责。当下，虚假署名的行为频频出现，这种行为是学术不公平现象的一种反映，意味着对论文原作者的不尊重，会在一定程度上挫伤科研工作者的积极性，并扰乱学术风气，造成学术不公平。

（5）论文投稿和发表

论文投稿应遵循科研论文的学术道德规范和相关法律法规。正确的投稿方式为一稿一投，若被采纳发表不可再投。一稿多投作为一种典型的学术不端行为，是指将同一学术成果撰写的文章在多个刊物发表或在不同的学术会议上进行交流，而文章的内容、数据、结果基本不发生改变。一稿多投不仅浪费编辑和审稿专家的时间，还会给有关期刊的声誉造成不良的影响，扰乱学术奖励机制，违反有关法律制度。

10.2 学术不端

10.2.1 学术不端分类

1992 年，由美国国家科学院、国家工程院和国家医学研究院组成的 22 位科学家小组将学术不端行为定义为在申请课题、实施研究报告结果的过程中出现的捏造、篡改或抄袭行为，将学术不端行为主要限定在伪造、篡改和抄袭三者中。教育部《关于严肃处理高等学校学术不端行为的通知》（教社科〔2009〕3 号）中指出了必须严肃处理的 7 种高校学术不端行为：①抄袭、剽窃、侵吞他人学术成果；②篡改他人学术成果；③伪造或者篡改数据、文献，捏造事实；④伪造注释；⑤未参加创作，而在他人学术成果上署名；⑥未经他人许可，不当使用他人署名；⑦其他学术不端行为。本书将其总结为以下几个方面论述。

(1) 抄袭

学术论文和学位论文写作可以满足职称晋升、科研奖励和获得学位的需求，由于部分人员科研能力和学术水平不够，就出现了抄袭他人成果的现象。从抄袭内容来看，抄袭可以分为以下几类。①论点抄袭。对他人作品中的论点、观点和结论进行抄袭。②论据论证抄袭。对他人作品中的论据、论证分析和科学试验进行抄袭。③数据抄袭。抄袭他人研究成果中的数据。④文章套改。对他人学术成果进行套改，抄袭他人成果的观点表达体系和参考文献等。⑤引言抄袭。抄袭他人学术成果的引言部分或绪论部分。从抄袭篇幅来看，抄袭可以分为以下几个方面。①句子抄袭。通过将复合句变为简单句、直接引用变为间接引用等方式抄袭他人成果中的句子。②段落抄袭。通过对段落文字稍作修改、增删句子、段落拆分、段落合并等方式抄袭他人学术成果。③章节抄袭。表现为抄袭他人学术成果的某一章节或某几个章节内容，并对抄袭部分不作修改或稍作修改。④全篇抄袭。鉴于目前学术不端系统在学术授予单位和编辑部的投入应用，这种抄袭方式几乎不可能存在。

(2) 伪造

伪造类学术不端行为的特点是研究成果中提供的材料、方法、数据、推理等方面不符合实际，无法通过重复试验再次取得，有些甚至连原始数据都被删除或丢弃，无法查证。伪造常见的形式包括以下几个方面。①为了使结果更理想，无依据地删除某些数据。②添加某些虚构的数据，或篡改已有数据。③没有进行相关采样或测量，或没有进行某一实验步骤（如样品前处理、模型与假设验证），却谎称完成了相关步骤。④实际使用 A 方法完成实验或计算，但在论文中谎称使用 B 方法。

伪造是指凭空编造实验数据和结果并将其在研究报告中记录和报告的行为。这种做法是学术研究中较为恶劣的行为，因为这是对与某项研究有关的所有人和事可信性的挑战。这使得专家学者们很难向前开展研究，因为对每个人来说哪些是正确可信的还不清楚。也会导致许多人在一条"死路"上浪费大量时间、精力和资源。

（3）篡改

篡改是指科研人员按照其对试验数据的期望随意修改或对数据进行有目的的取舍，以便使试验数据更加符合研究结论。篡改一般可以分为主观取舍数据、直接篡改原始数据和篡改试验记录和实验图片。导致篡改的主要原因有三个方面，原因之一是自己对研究结果比较有把握，认为研究过程中的数据并不重要，因而随意进行一些取舍和改动。原因之二是迫于获得预想结果的压力而修饰数据。原因之三是纯粹为了伪造研究成果而蓄意篡改数据。

（4）不正当署名

只有对学术研究和论文写作作出了实质贡献的人，才能作为学术论文的作者。一般而言，第一作者是对该论文的工作做出了最直接的、最主要贡献的研究者。通讯作者是负责与期刊联系的作者，该作者为论文工作确定了总体研究方向，一般应该是课题的负责人或指导教师。其他作者应该是对论文工作做出了一部分实质贡献的人，例如参与了部分实验工作。论文一般由第一作者或通讯作者撰写初稿，然后向共同作者征求意见。在论文投稿之前，所有作者都应该知情并同意。

一定不要遗漏对论文工作作出实质贡献的人，否则就有侵吞他人的学术成果的嫌疑，但是署名也不宜"面面俱到"。一般来说，如果只是对论文提出过某些非实质性的建议，或者只在个别方面提供过帮助，那么未必需要在论文中署名，而应该在论文的致谢中表示谢意。论文的署名是一种荣耀，也是一种责任。如果在论文发表后被发现造假、剽窃等问题，共同作者也要承担相应的责任，不应该以不知情作为借口，试图推卸一切责任。因此，不要轻易在自己不了解的论文上署名。

（5）其他学术不端

其他学术不端主要包括一稿多投、一篇多发和买卖论文。①一稿多投。一稿多投是指同一作者将同一篇论文几乎同时投给两家或多家学术刊物，并同时发表或先后发表。这种一稿多投或一稿多发被认定为学术不端的一种，原因在于它一方面浪费了编辑为审阅处理编发稿件所付出的宝贵时间和精力，浪费了刊物及刊物购买者的宝贵资金，并易引起期刊之间的产权纠纷。有些作者为了尽快发表论文，将同一篇论文同时向若干个期刊投稿，以求达到广种薄收的效果。殊不知这不仅体现了作者的素质和道德观念低下，还给编辑部带来不必要的麻烦。②一篇多发。一篇多发是指一个学术成果多篇发表。具体而言，就是将一篇论文拆成几篇发表、一次性成果多次反复使用、同一成果被拆分成多篇文章发表。这种行为导致有限资源浪费。如果一组数据已经在某篇论文中发表过,就不宜在新的论文中继续作为新数据来使用,否则也会被当成重复发表。如果在新论文中需要用到已发表论文的数据,应该采用引用的方式,注明出处。③买卖论文。买卖论文包括购买、出售学位论文,由他人代写、为他人代写学位论文或者组织学位论文代写等行为。

10.2.2 学术不端危害

(1) 违背科学精神

学术不端违背了科学的求真精神。科学是求真之学,追求真理、为真理而献身的精神是科学精神的核心内涵和根本要义。对真理的渴求、执着和热爱,永远是科学探索、科学创新和科学发展中的本源性、内禀性的推动力量,学术不端行为追求的不是真理,而是私利。学术不端行为不求真,而是费尽心机弄虚作假,违背了科学实证精神。实证精神是人们在追求真理时必须坚持的一种实事求是的理性态度和求实气质,学术不端行为经不起理性的审视,学术造假、杜撰和篡改捏造出的东西经不起实验的检验。学术不端行为违背了科学创新精神,科学活动自身的最高价值取向就是提出独创性的思想,科学家努力取得原创性的科学成果,每一个时代的科学家都力图超越前一代,又期望被后一代所超越,创新精神是科学得以不断进步的基础。抄袭和剽窃是把他人研究成果窃为己有,是对他人研究成果的扭曲性重复,丝毫未有原创性和独创性可言,背离了科学活动求新的最高价值取向。

(2) 浪费社会资源

学术不端行为造成了社会资源配置的失衡和低效。有的学者利用自己的身份和地位,优先为自己安排科研经费和科研项目。有些早有定论并已有成果的科研问题,却还在反复立项研究、发表论文、申报成果;或是改头换面,向不同的部门申请立项。学术不端行为产生的结果必定是学术垃圾和学术泡沫。学术不端行为使人把时间和精力浪费在歪门邪道上,投机取巧、剽窃抄袭、弄虚作假,放弃了对学术的追求,丧失了科学探究的动力和热情,消磨了艰苦求索的意志和毅力,枯竭了科学创造力,过早地结束了自己的学术生涯。

(3) 违反学术秩序

在学术不端方面,伪造和篡改是最恶劣的行径,它们都属于学术造假,在研究的伪成果中提供的材料、方法、数据、推理等方面不符合实际,无法通过重复试验再次取得,有些甚至连原始数据都被删除或丢弃,无法查证。涉及实验中数据伪造和各种实验条件更改的学术欺骗不容易被发现,而且调查起来也需要专门人员介入,并要重现实验过程,因而颇有难度。伪造和篡改的发现多是在文章发表一段时间后，因实验不能重复或者实验数据相互矛盾，致使专家提出质疑，或是由实验室内部人员揭发才被发现。

科学研究的可信度取决于实验过程和数据记录的真实性。篡改和伪造破坏了实验过程和数据记录的真实性，这使得科学工作者很难开展更深入的研究，也会导致许多人在一条死路上浪费大量时间、精力和资源。

（4）贻误人才培养

高等学校肩负培养高素质人才的重要任务，学生能否受到良好的学术训练将影响他们成才。"学高为师，身正为范"，教师学术道德素质的高低，其学术行为是否规范，是影响学生学术道德素质高低的一个重要因素。特别是在研究生教育阶段，导师和学生的关系较为密切，导师对学生的影响不仅仅体现在科学研究和学术写作方面，更体现在人生观、价值观和学术观等方面。导师只有以身作则，在专业上不断钻研，始终走在学科前沿，又能遵循学术规范，给学生以正确的指导，才能培养出真正合格的人才。否则，学生将失去对学术研究的虔诚和热情，学生的人生观、价值观受到重大的影响，对其日后发展极为不利。

（5）贬低社会公信力

知识分子作为社会的一个阶层，承担阐释和创造文化价值与文化知识的使命，他们拥有很高的文化智慧和思想境界，在人类社会生活中发挥着先锋作用。社会不同阶层的民众对于学术界与知识分子怀有信任与好感，寄予很高的期望。学术不端行为贬低了学术的公信力，损害了知识分子在人们心目中的良好形象，动摇了人们对真善美的追求和对科学研究的信仰，产生了对学术界和知识分子的信任危机。学术不端行为的泛滥，将使学术界与教育界丧失信誉，阻碍学术传统和学术评价体系的建构，这将给学术界带来无可比拟的巨大损失，如果学术事业失去了民众的理解和支持，将无以为继。

10.2.3 学术不端阻止

（1）加强宣传教育

在研究生教育中要大力提倡道德自觉意识，加强道德规范教育和学术诚信教育，强化对防范科研不端行为的引导。建立学术诚信的原则和预防学术不端制度，提高研究生的业务能力和道德修养，规范研究生学术行为，是研究生教育的一项重要任务，也是促进高等教育事业健康发展、加快培养高层次人才的重要保障。近年来，研究生的学术不端事件屡有发生，例如，抄袭、剽窃他人成果，捏造或篡改实验数据，发表论文"一稿多投"，杜撰参考文献，引文不加注释，不当署名等。研究生学术不端行为的产生有多方面的原因，如当今社会正处在急剧的转型期、高校对研究生道德行为规范方面的教育还不够、学校对研究生的监管方式和监管手段还不完善、对学术不端行为的惩处力度不够、研究生个人道德自律意识淡薄等。

要加大研究生学术道德教育的力度,采取多种方式积极宣传国家、学校关于学术规范的文件以及著作权法、专利法、合同法等相关法规,借鉴国外一流大学的经验,加强研究生法纪观念、学术道德等意识形态教育,并将这种教育贯穿于研究生在校学习、科研的整个培养环节中,积极营造以人文精神和科学精神为核心的校园文化,增强研究生服务国家、服务人民的社会责任感,培育研究生正直诚信、追求真理、勇于探索、团结合作的品质,弘扬学术正气,最终将这种学术正气潜移默化为研究生内在向上奋进、勇于抵制学术不端行为的动力。

(2) 优化激励机制

深化研究生教育改革,建立和健全培养创新型人才的机制,充分调动研究生勤奋学习和科研创新的积极性。学术不端行为严重亵渎学术创新精神,由此对研究生进行创新激励十分迫切。培养研究生追求真理、探索未知、开拓创新的科学使命感,树立踏实的学风,使他们安心治学、刻意求新,努力取得创造性成果,增强对学术不端行为的免疫力,自觉抵制学术不端。需要不断完善提升学生科学研究能力和学术写作水平的培养模式,促进课程学习和科学研究的有机结合,如将专业知识课程、研究方法课程、信息素养课程等有机结合,强化对学生创新能力的培养。要重视对本科生和研究生进行不同层次的科研训练和学术写作训练,要求并为学生提供条件参与前沿性、高水平的科研工作,并以高水平的科学研究支撑高水平学生的培养。特别是要鼓励多学科交叉培养,如本科生辅修专业的设置,支持学生更多参与创新大赛和学术交流,拓宽学生科学研究和学术写作视野,激发学生的创新思维。科学研究素养和学术写作素养离不开学生所学课程的设置,高校应重视发挥课程教学在研究生培养中的作用。建立完善课程体系改进、优化机制,规范课程设置审查,加强教学质量评价。根据研究生的学术兴趣、知识结构和能力水平,制定个性化培养计划,鼓励研究生提出具有创新价值的研究课题,在导师和团队指导下开展研究。

(3) 发挥导师作用

指导教师承担着对学生学科前沿引导、科研方法指导、管理方法应用和学术规范教导的责任,也是研究生培养的第一责任人。完善导师遴选制度、完善导师管理评价体系和评价机制是高等学校需要解决的关键问题。高校应按国家教育发展的要求、按学校长远发展的要求,借助当今社会和学术界整顿学风这一良好契机,努力建设一支能够适应科技创新、责任心强、师德高尚、在学术界享有良好声誉的导师队伍。充分发挥导师在研究生学术道德行为规范形成过程中的主导作用,通过大力弘扬实事求是的科学精神之"正气",来压制弄虚作假、投机取巧的"邪气"。对研究生而言,导师不仅是他们学位教育的指导者,更是今后从事科研、学术生涯的引路人,导师本身的人格魅力、道德品质等方面对研究生的影响是最直接的,也是最深远的,师生交往的本质就是教师的人格精神与学生的人格精神在教育中的相互借鉴和相互学习的过程,教师的人格精神对学生的成长发挥着表率作用并产生着深远的影响。导师应加强对学生学术诚信方面的教育,在规范学生学术行为方面发挥至关重要的作用。

(4) 惩处不端行为

研究生在科学研究和学术写作中要牢记学术不端的危害,自觉加以遵守,主动接受监督。教育部《关于严肃处理高等学校学术不端行为的通知》指出高等学校对本校有关机构或者个人的学术不端行为的查处负有直接责任,高等学校要建立健全学术不端检查和处理机构,充分发挥机构的作用,尽可能杜绝学术不端。高等学校学术委员会,以及各个学院的学术委员会都是学校处理学术不端行为的学术调查评判机构。学术委员会要设立执行机构推进学校学风建设,调查评判学术不端行为。

对学术不端行为的认定必须遵循相应的程序,参照国内外一些高校的做法,这一程序大致包括以下过程。①受理立案。一般是从举报人的申请(包括有关当事人的匿名举报)开始,启动处理程序。②调查。包括初步调查和正式调查。初步调查即访谈涉案对象、收集信息,以初步确认学术不端行为是否存在;正式调查包括对实验和其他数据进行广泛评议,对研究涉及的所有当事人进行访谈等。在调查过程中,调查机关与人员可以采取包括检查、询问证人和鉴定人、请专业机构出具意见书、要求当事人提供证据、听取当事人意见、现场勘验、科学实验、鉴定等各种措施。③听证。调查组织经过调查取证,认为指控的学术不端行为属实时,通知被认定有学术不端行为的当事人,并告知当事人有要求举行听证的权利。如果当事人要求举行听证,应当为其安排。④决定。调查要最终形成报告,给出学术不端行为是否属实、学术不端行为严重程度的结论,并据此结论给出处罚。⑤申诉与复查。当事人如果对学术不端行为的认定存有异议,可向学术委员会所属组织提出申诉,要求重新进行调查。⑥公布结果。学术不端行为不仅侵犯了个人权益,而且危害整个学术的健康,应当通过公众媒体对外发布学术不端行为的认定以及相应的责任。

10.2.4 学术不端处理

《高等学校预防与处理学术不端行为办法》已于 2016 年 4 月 5 日经教育部 2016 年第 14 次部长办公会议审议通过,自 2016 年 9 月 1 日起施行。该办法指出高等学校应当根据学术委员会的认定结论和处理建议，结合行为性质和情节轻重，依职权和规定程序对学术不端行为责任人通报批评，终止或者撤销相关的科研项目，并在一定期限内取消申请资格，撤销学术奖励或者荣誉称号，辞退或解聘，以及采取法律、法规及规章规定的其他处理措施。同时，可以依照有关规定给予警告、记过、降低岗位等级或者撤职、开除等处分。学术不端行为责任人获得有关部门、机构设立的科研项目、学术奖励或者荣誉称号等利益的，学校应当同时向有关主管部门提出处理建议。学生有学术不端行为的，还应当按照学生管理的相关规定，给予相应的学籍处分。学术不端行为与获得学位有直接关联的，由学位授予单位作暂缓授予学位、不授予学位或者依法撤销学位等处理。

小　结

以学术道德和学术不端关系的梳理为起点，对学术道德和学术不端进行介绍，指出学术道德是防止学术不端的有效措施，而避免学术不端又是遵守学术道德的主要方法。在此基础上，对学术不端分类、学术不端危害和学术不端处理进行介绍，指出如何减少和避免学术不端。

练　习

1. 你熟悉的学术不端有哪几种？你看到频次比较高的学术不端案例有哪几种？
2. 谈谈如何从我做起避免学术不端。
3. 查找下身边是否有学术不端现象的存在，如果有你该如何对待？
4. 请查找教育部学术不端相关文件并认真学习。

参考文献

[1] 王生荣.科技论文写作基础［M］.兰州：甘肃科学技术出版社，2006.
[2] 吴春煌，万肇忠.科技论文写作［M］.广州：中山大学出版社，2001.
[3] 蒋士亮.科技论文写作基础［M］.桂林：广西师范大学出版社，2003.
[4] 郭晓龙.管理科学学术论文写作［M］.北京：高等教育出版社，2022.
[5] 高烽.科技论文写作规则与行文技巧［M］.北京：国防工业出版社，2009.
[6] 吴勃.科技论文写作教程［M］.北京：中国电力出版社，2006.
[7] 刘素萍，宋俊丽，杨继成.科技论文写作［M］.北京：中华书局，2007.
[8] 赵秀珍，杨小玲.科技论文写作教程［M］.北京：北京理工大学出版社，2005.
[9] 张孙玮，黄有兴，张迅.科技论文写作入门［M］.北京：化学工业出版社，2000.
[10] 钟书华，刘玉.科技论文写作100问［M］.北京：新时代出版社，1992.
[11] 吴成福.科技论文写作［M］.郑州：黄河水利出版社，1998.
[12] 周启源.科技论文写作须知［M］.上海：上海科学技术出版社，1983.
[13] 赵卫宏.管理学研究方法论［M］.北京：经济管理出版社，2017.
[14] 马沛生.论文的选题与写作（化学化工类）［M］.天津：天津大学出版社，2008.
[15] 何海燕，李存金，陈振风等.现代管理学：理论与方法［M］.北京：北京理工大学出版社，2007.
[16] 向永胜，古家军.管理学研究方法与论文写作［M］.杭州：浙江大学出版社，2020.
[17] 李星颖，杨小乐，李光明.公共管理学与研究方法［M］.北京：中国商务出版社，2020.
[18] 杨学儒，童保宝，叶文平.管理学研究方法与论文写作［M］.北京：机械工业出版社，2018.
[19] ［英］加瑞，［挪］格朗霍格.经管研究方法：实践指南［M］.熊剑，江伟，等译.沈阳：东北财经大学出版社，2007.
[20] 张晓林.信息管理学研究方法［M］.成都：四川大学出版社，1995.
[21] 吴贵生，王毅.管理学学术规范与方法论研究［M］.南京：东南大学出版社，2017.
[22] 曾桂娥.英美文学研究论文写作案例与方法［M］.上海：上海大学出版社，2021.
[23] 宁镇疆，高晓军.先秦古史研究论文写作案例与方法［M］.上海：上海大学出版社，2021.
[24] 方勇.信息科学与技术研究论文写作案例与方法［M］.上海：上海大学出版社，2021.
[25] 李培月，吴健卡，陈洁.科技论文写作与发表［M］.西安：西北农林科学技术大学出版社，2021.
[26] 刘宏森.学术规范与论文写作［M］.上海：上海交通大学出版社，2021.
[27] 刁熊.写给学术新人的科研入门笔记［M］.北京：中国政法大学出版社，2021.
[28] 李怀祖.管理研究方法论［M］.第3版.西安：西安交通大学出版社，2017.
[29] 杨印生，李洪伟.管理科学与系统工程中的定量分析方法［M］.长春：吉林科学技术出版社，2009.
[30] 王福，周文学.图书情报专业学术论文写作［M］.呼和浩特：内蒙古大学出版社，2013.
[31] 张海涛.政务微信信息传播机理及效果评价［M］.北京：中国书籍出版社，2019.